사회학용어
도감

다나카 마사토·가츠키 타카시 지음
황명희 옮김

BM 주식회사 성안당
도서출판

SHAKAIGAKUYOGO ZUKAN

by Masato Tanaka, Takashi Katsuki

ⓒ Masato TANAKA 2019

Original design and illustration by Masato Tanaka and Mayuko Watanabe (MORNING GARDEN INC.)

Korean translation copyright ⓒ 2020 by Sung An Dang, Inc.

First published in Japan by PRESIDENT Inc.

Korean translation rights arranged with PRESIDENT Inc.

through Imprima Korea Agency.

근대의 서막

근대에서 현대로

미래로

▶ 용어 해설

이 책의 사용법

이 책은 어느 페이지부터 봐도 상관없지만 앞부분에서 설명한 용어가 뒤쪽 해설에 나오므로 처음부터 봐야 무리 없이 이해하고 넘어갈 수 있다. 또 첫 장부터 순서대로 보면 근대에 시작된 사회학의 역사가 어떤 변화 과정을 거쳐 현재에 이르렀는지 대략적인 흐름을 이해할 수 있다. 이 책을 용어 사전으로 활용하려는 경우는 권말의 찾아보기에 알아보기 쉽게 정리했으니 참조하자.

인물 소개 페이지

인물
이 책에서 소개하는
사회학자 76명의
일러스트

국가
출신지 등 해당 사회학자와
관련 깊은 국가

대사
해당 사회학자를 상징하는
대사와 그 해설

아이템
해당 사회학자와
관련 깊은 아이템과
그에 대한 해설

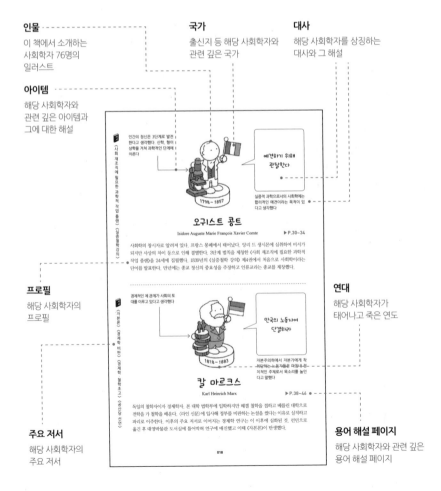

프로필
해당 사회학자의
프로필

연대
해당 사회학자가
태어나고 죽은 연도

주요 저서
해당 사회학자의
주요 저서

용어 해설 페이지
해당 사회학자와 관련 깊은
용어 해설 페이지

용어 해설 페이지

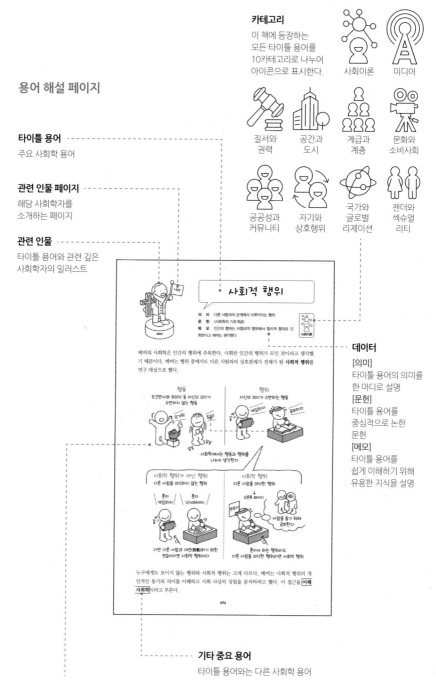

카테고리

이 책에 등장하는
모든 타이틀 용어를
10카테고리로 나누어
아이콘으로 표시한다.

사회이론 · 미디어

질서와
권력 · 공간과
도시 · 계급과
계층 · 문화와
소비사회

공공성과
커뮤니티 · 자기와
상호행위 · 국가와
글로벌
리제이션 · 젠더와
섹슈얼
리티

타이틀 용어
주요 사회학 용어

관련 인물 페이지
해당 사회학자를
소개하는 페이지

관련 인물
타이틀 용어와 관련 깊은
사회학자의 일러스트

데이터
[의미]
타이틀 용어의 의미를
한 마디로 설명
[문헌]
타이틀 용어를
중심적으로 논한
문헌
[메모]
타이틀 용어를
쉽게 이해하기 위해
유용한 지식을 설명

기타 중요 용어
타이틀 용어와는 다른 사회학 용어

해설
타이틀 용어 설명

매크로 사회학
p.140

방법론적 집단주의
사회명목론
기능주의
사회시스템론

콩트 p.18
3단계 법칙 p.35

마르크스 p.18
유물사관 p.47

스펜서 p.19
사회진화론 p.37

뒤르켐 p.21
사회학주의 p.52

퇴니에스 p.20
게마인샤프트
게젤샤프트 p.50

모스 p.24
증여론 p.83

알박스 p.24
집단기억 p.108

미크로 사회학
p.141

방법론적 개인주의
방법론적 관계주의
사회실재론
상호작용론

베버 p.22
이해사회학 p.74

짐멜 p.21
형식사회학 p.65

미드 p.22
아이와 미 p.87

시카고 학파 p.88

파크 p.23

버지스 p.26

비판이론
p.101

프랑크푸르트 학파 p.100

호르크하이머 p.28

T. 아도르노 1903~1969

벤야민 p.27

사회이론의 전개

*포스트구조주의 : 레비 스트로스의 구조주의를 비판하면서 계승한 사상 조류

근대의 서막

콩트 18

마르크스 18

1800

1850

프랑스 혁명
(89)

남북 전쟁
(61)

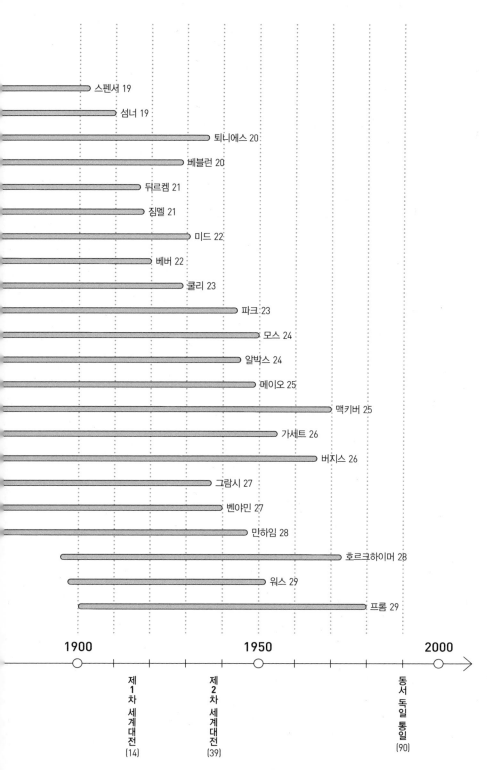

스펜서 19

섬너 19

퇴니에스 20

베블런 20

뒤르켐 21

짐멜 21

미드 22

베버 22

쿨리 23

파크 23

모스 24

알박스 24

메이오 25

맥키버 25

가세트 26

버지스 26

그람시 27

벤야민 27

만하임 28

호르크하이머 28

워스 29

프롬 29

1900

1950

2000

제1차 세계대전 (14)

제2차 세계대전 (39)

동서 독일 통일 (90)

인간의 정신은 3단계로 발전한다고 생각했다. 신학, 형이상학을 거쳐 과학적인 단계에 이른다

예견하기 위해 관찰한다

실증적 과학으로서의 사회학에는 합리적인 예견이라는 목적이 있다고 생각했다

1798~1857

오귀스트 콩트

Isidore Auguste Marie François Xavier Comte ▶ P.30~34

사회학의 창시자로 알려져 있다. 프랑스 몽펠리에서 태어났다. 앙리 드 생시몽에 심취하여 비서가 되지만 사상의 차이 등으로 인해 결별한다. 3단계 법칙을 제창한 《사회 재조직에 필요한 과학적 작업 플랜》을 24세에 집필했다. 1839년의 《실증철학 강의》 제4권에서 처음으로 사회학이라는 단어를 발표한다. 만년에는 종교 정신의 중요성을 주장하고 인류교라는 종교를 제창했다.

경제적인 제 관계가 사회의 토대를 이루고 있다고 생각했다

만국의 노동자여 단결하라

자본주의하에서 자본가에게 착취당하는 노동자들은 마침내 정치적인 주체로서 목소리를 높인다고 말했다

1818~1883

칼 마르크스

Karl Heinrich Marx ▶ P.38~46

독일의 철학자이자 경제학자. 본 대학 법학부에 입학하지만 헤겔 철학을 접하고 베를린 대학으로 전학을 가 철학을 배운다. 〈라인 신문〉에 입사해 정부를 비판하는 논설을 썼다는 이유로 실직하고 파리로 이주한다. 이후의 주요 저서로 이어지는 경제학 연구는 이 이후에 심화된 것. 런던으로 옮긴 후 대영박물관 도서실에 틀어박혀 연구에 매진했고 이때 《자본론》이 탄생했다.

적자생존이라는 진화론의 개념은 다윈 이전에 스펜서에 의해서 제기됐다

군사형 사회로부터 산업형 사회로

사회진화론의 입장을 표명한 스펜서는 사회는 군사형에서 산업형으로 진화한다고 했다

허버트 스펜서

Herbert Spencer

▶ P.36

영국의 철학자이자 사회학자로 영국 더비에서 태어났다. 1830년대 철도 기사로 일하면서 집필 활동을 하던 중 1848년 잡지 〈에코노미스트〉의 부편집장에 취임한다. 1853년 일을 관두고 난 후에도 만년까지 논설을 잇달아 발표한다. 스펜서의 저작은 당시 메이지 시대를 맞이한 일본에도 수입되어 널리 읽히며 자유민권운동에도 영향을 미쳤다.

집단 내의 관습적인 행동 양식을 습속론(Folkways)이라는 단어로 표현했다

생활하는 데 있어 최우선 과제는 살아가는 것

사고보다 먼저 살아가기 위한 행동이 있다는 현실적인 발상에 기초해서 논의를 수행했다

윌리엄 그레이엄 섬너

William Graham Sumner

▶ P.48

미국의 사회과학자로 뉴저지주 패터슨에서 태어났다. 감독파 목사로 포교 활동을 경험하고 이후 예일 대학의 정치학·사회과학 교수가 된다. 경제학 평론가로도 활동하며 사회주의와 거대 정부를 비판하며 자유방임을 주장한다. 1908년에는 레스터 프랭크 포드의 뒤를 이어 미국 사회학회의 제2대 회장에 취임한다.

인간 사회의 기본 형식을 둘로 분류하고 혈연과 지연·민족 등을 게마인샤프트라고 불렀다

게마인샤프트는 진실한 공동생활

게마인샤프트를 본질적인 연결이라고 생각하고 게젤샤프트는 일시적인 표면상의 관계라고 봤다

퍼디낸드 퇴니에스

Ferdinand Tönnies　　　　▶ P.50

독일의 사회학자로 독일의 슐레스비히홀슈타인 태생. 슈트라스부르크 대학 졸업 후 예나 대학, 베를린 대학, 튀빙겐 대학 등에서 수학한다. 1887년 32세에 《게마인샤프트와 게젤샤프트》를 저술한다. 함부르크 대학과 킬 대학에서 교수직을 맡다가 독일 사회학회의 초대 회장을 역임한다. 1940년대에는 나치즘을 비판하고 학회 회장직도 관둔다.

베블런에 따르면 과시적인 소비는 아내 등 여성들에 의해서 종종 대행된다

과시하기 위해 낭비하는 것이 유한계급이 살아가는 길

유한계급의 낭비에는 과시적 소비와 과시적 한가가 있다

소스타인 베블런

Thorstein Bunde Veblen　　　　▶ P.49

미국의 경제학자이자 사회학자. 노르웨이 이민자 2세로 미국 위스콘신주 태생. 예일 대학에서 윌리엄 그레이엄 섬너에게 사사받고 사회진화론을 접한다. 박사 학위를 취득한 후 일단 고향의 농장으로 돌아가지만 34세에 다시 대학에 입학한다. 1900년에 시카고 대학에서 조교수가 된 후 1906년에 스탠포드 대학, 1910년에는 미주리 대학으로 전전했다.

사회적 사실을 사물과 같이 취급해서 고찰하고 개인에게 외재적 또한 강제력 있는 것이라고 생각했다

사회는 사물이다

사회학이 과학으로 성립하기 위해서는 현상을 사물과 같이 객관적으로 취급해야 한다고 생각했다

1858~1917

에밀 뒤르켐

Émile Durkheim ▶ P.52~62

프랑스의 사회학자로 프랑스의 로렌 지방 에피날 태생. 리세(고등학교)에서 철학을 가르친 후 보르도 대학에 일자리를 얻는다. 《사회학 연보》의 간행을 계기로 조카인 마르셀 모스 등이 모인 뒤르켐 학파가 형성된다. 아들인 앙드레도 언어사회학자로 기대를 받았지만 제1차 세계대전에 종군해서 전사, 뒤르켐도 앙드레가 죽은 후 1717년 58세의 나이로 세상을 떠났다.

사회를 상호행위라는 실로 짠 직물이라고 인식했다

많은 개인이 상호작용에 들어갈 때 거기에 사회는 존재한다

인간이 다른 인간과 상호작용(상호행위)을 함으로써 사회가 생겨난다고 생각했다

1858~1918

게오르그 짐멜

Georg Simmel ▶ P.64

독일의 사회학자로 프로이센 왕국의 수도 베를린에서 태어났다. 베를린 대학에서 철학과 심리학을 익힌다. 오랜 기간 베를린 대학에서 개인 강사로 재직하면서도 유대인이었던 점과 종교적 태도가 상대주의적이라는 이유에서 정교수 자리를 쉽게 얻지 못했다. 1914년 56세에 마침내 슈트라스부르크 대학에서 정교수가 됐고 1918년에 사망한다.

자아를 사회적 조류 속의 작은 소용돌이에 비유했다

인간의 주체성은 〈I〉에 깃들어 있다

자아에는 Me(미 : 객체적 자아) 외에 I(아이 : 주체적 자아)가 있다고 봤다. I(아이)의 존재 지적은 이후의 미크로 사회학에 큰 영향을 미쳤다

1863 ~ 1931

조지 허버트 미드

George Herbert Mead

▶ P.86

미국의 철학자이자 사회심리학자로 미국 메사추세츠주 태생. 오벌린 대학을 졸업한 후 철도 측량 업무 등에 종사하다가 하버드 대학에 입학한다. 28세에 부임한 미시간 대학에서 실용주의 (프래그머티즘 pragmatism)의 대표적 철학자인 존 듀이를 만나 인생에 큰 영향을 받는다. 미드의 업적은 마침내 허버트 G. 블루머 등에 의해서 심볼릭 상호작용론으로 발전한다.

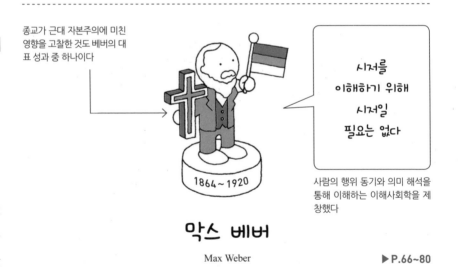

종교가 근대 자본주의에 미친 영향을 고찰한 것도 베버의 대표 성과 중 하나이다

시저를 이해하기 위해 시저일 필요는 없다

사람의 행위 동기와 의미 해석을 통해 이해하는 이해사회학을 제창했다

1864 ~ 1920

막스 베버

Max Weber

▶ P.66~80

독일의 경제학자이자 사회학자, 정치학자. 독일 에어푸르트에서 태어났다. 30세에 프라이부르크 대학의 경제학 교수가 되지만 신경질환을 겪어 대학을 그만둔다. 회복 후에는 교단에 서는 일은 거의 없었지만 사회 정책과 사회학으로 연구 영역을 넓힌다. 저널리즘에서도 정치적인 발언을 이어가고 제1차 세계대전 후 바이마르 헌법 초안 작성에도 참여했다.

사회와 자신의 관계를 거울에 비친 자아라는 단어로 표현했다

사회 집단과 관계 없이 자기를 생각하는 것은 불가능하다

개인과 사회는 상호 침투 관계에 있으며 분리해서 생각하는 것은 불가능하다고 말했다

찰스 쿨리

Charles Horton Cooley

▶ P.85

미국의 사회학자. 미국 미시간주에서 태어나 미시간 대학을 졸업, 이후에도 미시간 대학에서 경제학과 사회학을 가르치며 생애 마지막까지 고향에 머문다. 1905년에 만든 미국 사회학회의 창립 멤버의 일원으로 활약하며 1918년에는 8대 회장을 맡는다. 제1차 집단과 사회적 자아 등의 기초적인 개념을 제시했다.

성질이 매우 다른 둘 이상의 집단이나 사회에 동시에 소속되어 행동의 기준 체계가 매우 불안정한 사람을 마지널 맨이라는 단어로 이해했다

실험실로서의 도시

도시를 상호 이질의 사람들이 새로운 질서를 구축해 가는 과정을 받아들이는 실험실이라고 봤다

로버트 파크

Robert Ezra Park

▶ P.92

미국의 사회학자. 미국 펜실베이니아주 태생. 대학 졸업 후 신문 기자 생활을 하다가 하버드 대학에서 철학과 심리학을 배운다. 이후 독일에서 게오르그 짐멜로부터 사사받고 사회학을 접한다. 50세가 되는 1914년에 시카고 대학 사회학부에 초대받아 도시사회학 학파인 시카고 학파의 기초를 구축하는 대표적인 인물이 됐다.

저서 《증여론》

선물(증여)을 받고 답례를 하는 것은 구속력을 가진 심볼의 교환이라고 생각했다

증여와 답례로 사회는 발전한다

모스는 인간이 물건을 서로 주고받는 행위의 의의에 주목했다

1872~1950

마르셀 모스
Marcel Mauss
▶ P.82~84

프랑스의 사회학자이자 문화인류학자. 프랑스 로렌 지방 에피날 태생이다. 보르도 대학에서 외삼촌인 에밀 뒤르켐과 알프레드 에스피나의 지도를 받고 이후 뒤르켐 학파의 일원이 된다. 모스의 증여론은 클로드 레비 스트로스의 구조주의 인류학에 큰 영향을 미쳤다.

저서 《집단기억》

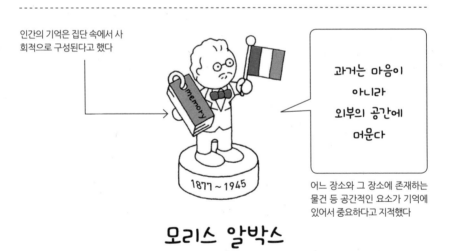

인간의 기억은 집단 속에서 사회적으로 구성된다고 했다

memory

과거는 마음이 아니라 외부의 공간에 머문다

어느 장소와 그 장소에 존재하는 물건 등 공간적인 요소가 기억에 있어서 중요하다고 지적했다

1877~1945

모리스 알박스
Maurice Halbwachs
▶ P.108

프랑스의 사회학자로 뒤르켐 학파의 일원이다. 프랑스 랭스 태생. 앙리 루이 베르그송에게 사사받은 후 뒤르켐의 지도를 받는다. 58세에 파리 대학 교수가 되고 67세인 1944년에는 프랑스 최고 권위를 자랑하는 콜레주 드 프랑스에 사회심리학 교수로 초빙된다. 그러나 그 다음해 사회주의자였던 알박스는 나치스 점령하에 놓인 파리에서 체포되어 강제 수용소에서 사망한다.

호손 공장 소유주는 전화와 타
이프라이터 등 전기기기를 제
조하는 회사였다

비공식 조직이
근로 의욕에
영향을 미친다

객관적인 노동 환경보다 인관관
계가 작업 능률을 높이는 데 중요
하다는 사실을 밝혀냈다

조지 메이오

George Elton Mayo

▶ P.93

호주의 심리학자이자 산업사회학자. 호주 퀸즐랜드 대학에서 교수로 재직한 후 미국 하버드 대학 경영대학원에 초대받는다. 프리츠 뢰슬리스버거 등과 함께 시카고 공장에서 호손 실험을 수행하고 인간적 만족이 작업 능률에 영향을 미친다는 사실을 이끌어냈다. 산업사회학 형성에 기여한 메이오 등을 하버드 학파라 부른다.

커뮤니티라는 단어를 촌락과
도시뿐 아니라 국가 규모에도
적용했다

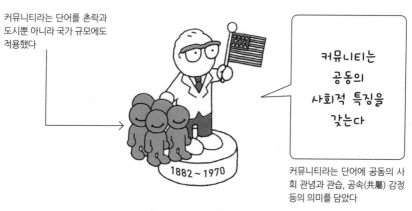

커뮤니티는
공동의
사회적 특징을
갖는다

커뮤니티라는 단어에 공동의 사
회 관념과 관습, 공속(共屬) 감정
등의 의미를 담았다

로버트 맥키버

Robert Morrison MacIver

▶ P.96

미국의 사회학자. 스코틀랜드 루이스섬 스토너웨이에서 태어난다. 에든버러 대학과 옥스퍼드 대학에서 공부를 하고 1915년에 캐나다 토론토 대학 교수, 이후 바너드 대학 교수를 거쳐 콜롬비아 대학에서 교편을 잡는다. 커뮤니티, 어소시에이션, 사회집합이라는 3유형의 개념을 제기하고 국가론과 권력론을 전개했다.

오르테가는 어려서 《돈키호테》의 1장을 모두 암기했다는 일화가 전해진다

오늘날 대중은 사회적 권력의 자리에 올랐다

자신을 지도하는 것도 불가능한 대중이 지도적 지위에 선 것에 오르데카는 위기감을 나타냈다

호세 오르테가 이 가세트

José Ortega y Gasset ▶P.98

스페인의 철학자로 마드리드의 저널리스트 가정에서 태어난다. 부친이 기고한 신문 〈엘 임파르시알 El Imparcial〉에 평론을 쓰는 등 체계적인 저작을 남기기보다 에세이와 저널리스트로서 평론을 담당하는 것에 무게를 뒀다. 1931년에 스페인이 공화국이 되자 의원이 되어 신헌법 제정에 공헌했다.

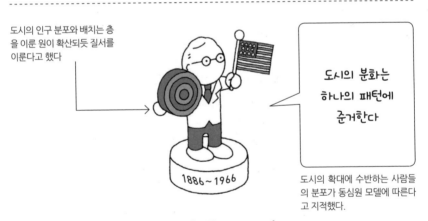

도시의 인구 분포와 배치는 층을 이룬 원이 확산되듯 질서를 이룬다고 했다

도시의 분화는 하나의 패턴에 준거한다

도시의 확대에 수반하는 사람들의 분포가 동심원 모델에 따른다고 지적했다.

어니스트 버지스

Ernest Watson Burgess ▶P.91

미국의 도시사회학자로 캐나다 온타리오주에서 태어난다. 킹 피셔 대학을 나온 후 시카고 대학에서 공부하고 동 대학에 취직했다. 마찬가지로 시카고 대학 사회학부의 로버트 E. 파크와 함께 시카고를 실험실로 선정하고 도시사회학을 추진, 시카고 학파의 중심 인물이 된다. 가족사회학과 사회 해체 연구에도 몰두했다.

감옥 생활 중에 쓴 《옥중수고》는 그람시의 사상을 후세에 전하는 중요한 작업으로 평가받는다

정치 사회와 시민 사회가 국가를 이룬다

헤게모니(패권)를 위로부터의 강제와 아래로부터의 합의의 조합이라고 생각했다

1891~1937

안토니오 그람시

Antonio Gramsci

▶ P.94~95

이탈리아의 사상가. 이탈리아 사르데냐섬에서 알바니아계 이민자의 자손으로 태어난다. 토리노 대학 졸업 후에 이탈리아 사회당 토리노 지부에 입원, 기관지 집필·편집에 참가한다. 이탈리아 공산당 창설에 참여하고 1924년에 국회의원에 당선되지만 1926년에 무솔리니 정부에 의해 체포된다. 옥중에서 연구를 계속해 대량의 노트를 남기지만 도중에 병이 악화되어 46세에 뇌출혈로 사망한다.

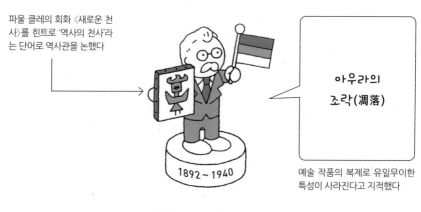

파울 클레의 회화 〈새로운 천사〉를 힌트로 '역사의 천사'라는 단어로 역사관을 논했다

아우라의 조락(凋落)

예술 작품의 복제로 유일무이한 특성이 사라진다고 지적했다

1892~1940

발터 벤야민

Walter Bendix Benjamin

▶ P.104~106

독일의 사상가인 벤야민은 유대계 가정의 장남으로 독일 베를린에서 태어난다. 프라이부르크, 베를린, 뮌헨에서 철학을 공부한 뒤 스위스 베른 대학에서 박사 학위를 취득하고 비평가로 활약한다. 1933년 나치의 정권 탈취로 파리로 망명한다. 제2차 세계대전이 시작되자 나치의 침공을 피해 출국을 시도하지만 국경을 넘은 후 스페인에서 입국을 거부당해 모르핀을 복용하고 자살한다.

《이데올로기와 유토피아》

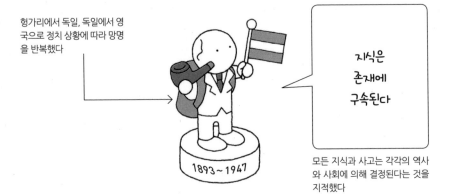

헝가리에서 독일, 독일에서 영국으로 정치 상황에 따라 망명을 반복했다

지식은 존재에 구속된다

모든 지식과 사고는 각각의 역사와 사회에 의해 결정된다는 것을 지적했다

1893~1947

칼 만하임

Karl Mannheim

▶P.110~112

헝가리의 사회학자로 부다페스트의 유대계 가정에서 태어난다. 독일로 이주해서 알프레드 베버 등으로부터 사회학 지도를 받는다. 1930년에 프랑크푸르트 대학 교수가 되지만 동 대학의 프랑크푸르트 학파와는 거리를 둔다. 나치 정권이 장악하자 망명을 위해 영국으로 건너가 런던 대학에서 교편을 잡았다.

《계몽의 변증법》

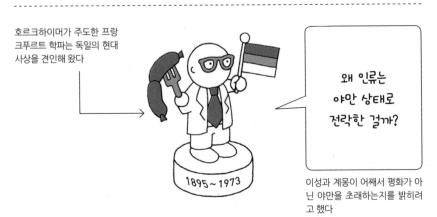

호르크하이머가 주도한 프랑크푸르트 학파는 독일의 현대 사상을 견인해 왔다

왜 인류는 야만 상태로 전락한 걸까?

이성과 계몽이 어째서 평화가 아닌 야만을 초래하는지를 밝히려고 했다

1895~1973

막스 호르크하이머

Max Horkheimer

▶P.100

독일의 철학자이자 사회학자. 유대계 독일인으로 슈투트가르트 교외에서 태어난다. 프랑크푸르트 대학에서 사회철학 정교수이자 사회연구소 소장을 맡으며 프랑크푸르트 학파를 대표하는 연구자로 활약한다. 나치당이 정권을 장악하자 미국으로 망명하여 콜롬비아 대학에서 활동한다. 테오도르 아도르노와의 공저 《계몽의 변증법》은 망명 중에 지었다.

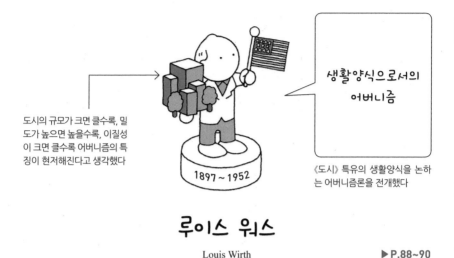

도시의 규모가 크면 클수록, 밀도가 높으면 높을수록, 이질성이 크면 클수록 어버니즘의 특징이 현저해진다고 생각했다

생활양식으로서의 어버니즘

《도시》 특유의 생활양식을 논하는 어버니즘론을 전개했다

루이스 워스

Louis Wirth

1897 ~ 1952

▶ P.88~90

미국의 도시사회학자로 유대인 출신이다. 독일의 훈스뤼크군에 있는 작은 마을에서 태어났다. 미국으로 이주해 시카고 대학에서 로버트 E. 파크와 어니스트 버지스로부터 지도를 받고 파크 등 차세대 시카고 학파를 담당하는 인물이 됐다. 유대인 거주 지역인 게토에 관한 연구에 힘을 쏟았다.

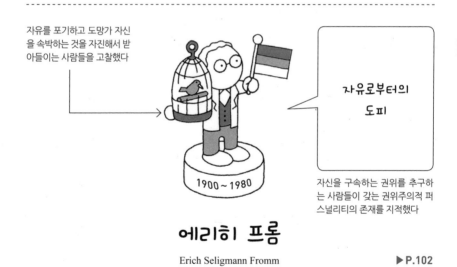

자유를 포기하고 도망가 자신을 속박하는 것을 자진해서 받아들이는 사람들을 고찰했다

자유로부터의 도피

자신을 구속하는 권위를 추구하는 사람들이 갖는 권위주의적 퍼스널리티의 존재를 지적했다

에리히 프롬

Erich Seligmann Fromm

1900 ~ 1980

▶ P.102

독일의 사회심리학자로 프랑크푸르트의 유대인 거주 지역에서 태어난다. 하이델베르크 대학에서 알프레드 베버의 지도를 받는다. 정신분석 교육을 받고 프랑크푸르트 정신분석연구소 입소를 계기로 프랑크푸르트 학파에 관여한다. 나치당이 등장하자 미국으로 망명, 전후에는 미국과 멕시코에서 지내면서 연구·집필 활동을 수행했다.

콩트

사회학

문 헌 《실증철학강의》
메 모 사회학은 일반적으로 근대(봉건주의 뒤에 나타난 자본주의 시대를 말한다. 현대도 포함한다) 사회를 고찰하는 학문이다. 주로 서민의 동향을 알기 위해 생겨났다

사회이론

프랑스 혁명 직후 프랑스 사회는 큰 혼란을 겪었다. 이를 우려한 콩트는 현실을 고찰, 혼란의 원인을 규명하고 실제로 증명할 수 있는 객관적인 사회 법칙을 발견하려고 했다. 원인과 결과의 법칙(인과율)을 베이스로 한 방법, 다시 말해 과학의 방법을 이용해서 프랑스 사회의 새로운 질서를 위해 무엇을 해야 하는지를 예견하고자 했다.

콩트는 과학의 방법으로 실증적으로 사회를 고찰하는 것을 사회학이라고 명명했다. 일반적으로 사회학은 여기에서 시작된다고 여겨진다. 사회학은 그 후 뒤르켐, 베버, 짐멜 등에 의해서 발전한다.

과학을 이용해서 실증적으로
사회를 고찰하는 것을
사회학이라고 부른다

콩트
p.18

사회학은
미크로 사회학과 매크로 사회학의
두 입장으로 나눌 수 있다

우리들은 사회는
어떤 목적을 향해서
변화해 간다고 생각한다

스펜서
(p.19)

마르크스
(p.18)

퇴니에스
(p.20)

사회실재론 (p.63)
사회라는 것이
실재한다는 생각

사회명목론 (p.63)
사회란 인간 또는 인간관계의
집합에 지나지 않는다는 생각

매크로 사회학
(p.140)

미크로 사회학
(p.141)

사회는 물건과 같이
실재하고 있다 (사회적 사실 p.52)

사회란 인간 행위
(상호행위)의 모임이다
(이해사회학 p.74)

뒤르켐
(p.21)

베버
(p.22)

사회가 인간의 행위를
결정한다 (구조-기능주의 p.129)

사회란 인간 간 심적
관계(인간관계)의 집합이다
(형식사회학 p.65)

파슨스
(p.120)

짐멜
(p.21)

사회는 생물과 같이
오토포이에시스하고 있다
(오토포이에시스 p.254)

인간의 주체성이 사회를
만들고 있다 (아이 p.87)

루만
(p.180)

미드 및 의미학파
(p.22·p.141)

콩트

▶018

실증주의

의 미 실제로 보고 들을 수 있는 사실을 근거로 하는 학문적 입장
문 헌 《실증철학강의》
메 모 콩트는 과학을 분류·서열화하고 수학부터 천문학, 물리학, 과학, 생물학을 거쳐 사회학에 이르는 발전 도식을 구상했다

사회이론

19세기 초반 영국에서는 과학 기술을 산업에 도입함으로써 산업이 비약적으로 발전했다 **(산업혁명).**

19세기 초반 영국에서는 과학 기술을 산업에 도입하면서 산업이 비약적으로 발전했다

이 무렵 프랑스는 프랑스 혁명의 영향으로 사회가 혼란스러웠다.

프랑스는 무질서가 만연해 있다

콩트

콩트는 무질서가 만연한 프랑스 사회를 재조직화하기 위해서는 과학을 산업뿐만 아니라 사회의 고찰에도 도입해야 한다고 했다. 과학적으로 실증할 수 있는 사회의 법칙을 발견하면 재조직화를 위해 무엇을 해야 할지를 예견할 수 있다고 생각했기 때문이다. 이러한 생각을 **실증주의**라고 한다.

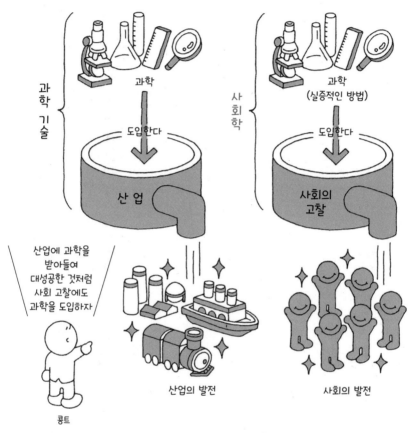

콩트는 실증주의에 입각해 사회를 고찰하는 것을 사회학(p.30)이라고 명명했다. 사회학은 이후 뒤르켐, 베버, 짐멜 등에 의해 발전한다(p.12 참조).

콩트

▶018

3단계 법칙

의 미 인류의 정신 상태가 변화하는 법칙
문 헌 《사회 재조직에 필요한 과학적 연구 플랜》
메 모 3단계 법칙의 제3단계인 실증적인 과학을 콩트는 사
회학(p.30)이라고 명명했다

사회이론

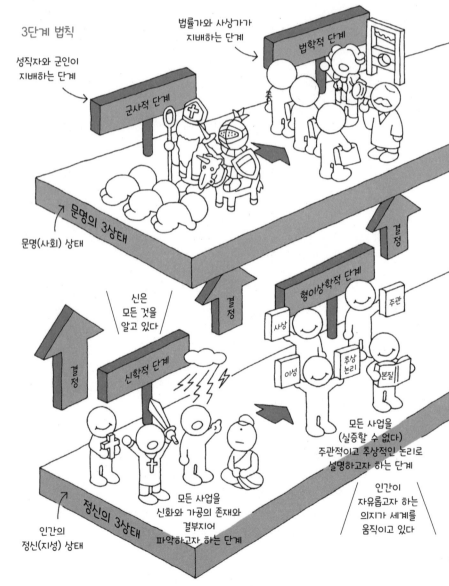

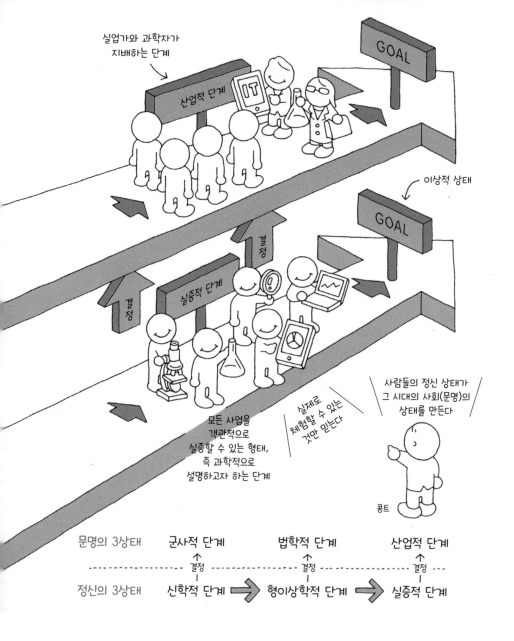

실업가와 과학자가
지배하는 단계

GOAL

산업적 단계

이상적 상태

GOAL

결정

결정

실증적 단계

모든 사업을
객관적으로
실증할 수 있는 형태,
즉 과학적으로
설명하고자 하는 단계

실제로
체험할 수 있는
것만 믿는다

사람들의 정신 상태가
그 시대의 사회(문명)의
상태를 만든다

콩트

문명의 3상태	군사적 단계	법학적 단계	산업적 단계
	↑결정	↑결정	↑결정
정신의 3상태	신학적 단계 →	형이상학적 단계 →	실증적 단계

사회학(p.30)이라는 단어를 최초로 제창한 콩트는 인간 사회(문명)가 어떠한 상태인지는 그 시대 사람들의 정신 상태(지성)에 따라 결정된다고 생각했다. 그는 인간의 정신 상태는 **신학적(종교적) 단계**에서 **형이상학적**(이성적이지만 추상적) **단계**를 거쳐 **실증적**(과학적) **단계**로 발전한다고 주장한다. 이 **3단계 법칙**에 따라서 사회(문명)도 **군사적 단계**에서 **법학적 단계**를 거쳐 **산업적(공업적) 단계**로 발전한다고 주장했다.

스펜서

사회진화론

문　헌 《종합철학체계》
메　모 콩트(p.18)는 사회의 구조를 분석하는 사회유기체설 등을 사회정학(社會靜學), 사회의 움직임을 고찰하는 3단계 법칙 (p.35)과 사회진화론 등을 사회동학(社會動學)이라 불렀다

사회이론

아담 스미스(1723~1790)는 사람이 자유롭게 이익을 추구하면 결과적으로 사회 전체의 이익으로 이어진다고 생각했다(**자유방임주의**). 또한 다윈(1809~1882)은 생존 경쟁에서 이기는 자만이 살아남는 **자연 도태의 원리**에 의해서 생물은 진화한다고 생각했다(**생물 진화론**). 스펜서는 이 두 사람의 설에 큰 영향을 받는다.

콩트(p.18)와 스펜서는 사회를 생물과 같은 하나의 유기체라고 생각한다(**사회유기체설**).
그리고 스펜서는 다윈의 생물진화론과 상호 영향을 주고받으면서 사회도 경제 경쟁에서
이긴 자만 살아남는 **적자생존**의 원리로 진화한다고 생각했다(**사회진화론**).

다윈의 생물진화론
생물(유기체)은 자연 도태의 원리로
단순한 것에서 복잡한 것으로 진화한다

단순

대응

복잡

단순한
사회

스펜서의 사회진화론
사회라는 유기체도 적자생존의 원리에 의해
단순한 것에서 복잡한 것으로 진화한다고
스펜서는 생각했다. 그리고 복잡성, 다양성이
인간 사회의 도달 지점이라고 했다

복잡한
사회

스펜서의 사회진화론에 따르면 인간 사회는 **군사형 사회**에서 **산업형 사회**로 진화한다.
자유방임주의에 기초한 산업형 사회야말로 스펜서가 생각하는 이상적인 사회였다.

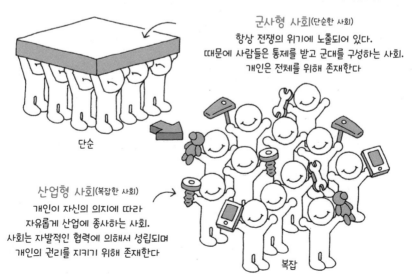

군사형 사회(단순한 사회)
항상 전쟁의 위기에 노출되어 있다.
때문에 사람들은 통제를 받고 군대를 구성하는 사회.
개인은 전체를 위해 존재한다

단순

산업형 사회(복잡한 사회)
개인이 자신의 의지에 따라
자유롭게 산업에 종사하는 사회.
사회는 자발적인 협력에 의해서 성립되며
개인의 권리를 지키기 위해 존재한다

복잡

마르크스

생산관계

의 미 생산을 위해 인간끼리 맺은 관계

문 헌 《경제학 비판》

메 모 하부구조(p.44)인 생산관계가 상부구조(p.44)인 사람들의 의식을 결정한다

사회이론

인간이 살아가기 위해서는 의식주가 필요하다. 마르크스는 의식주에 필요한 것을 생산하는 토지와 재료 등을 **생산 수단**이라고 부른다. 또한 생산을 위해 맺는 인간관계를 **생산관계**라고 부른다. 봉건제의 영주와 소작인, 자본주의 체제의 자본가와 노동자 같이 생산수단을 가진 자와 그렇지 않은 자 사이에 지배와 복종이라는 형태로 생산관계가 나타난다.

시대별 생산관계

노예제
철제 농기구의 발전
지배 계급=주인
피지배 계급=노예

봉건제
재배 계급=봉건 영주
피지배 계급=소작인

공업화

자본주의 체제
지배 계급=자본가
피지배 계급=노동자

생산관계는 각 시대의 기술 수준에 따라서 결정된다. 마침내 기술이 진보하여 **생산력**(생산물의 공급 능력)이 향상하면 피지배 계급이 힘을 갖기 시작한다. 그리고 피지배 계급이 지배 계급에서 독립함으로써 다음 시대의 생산관계로 이행한다.

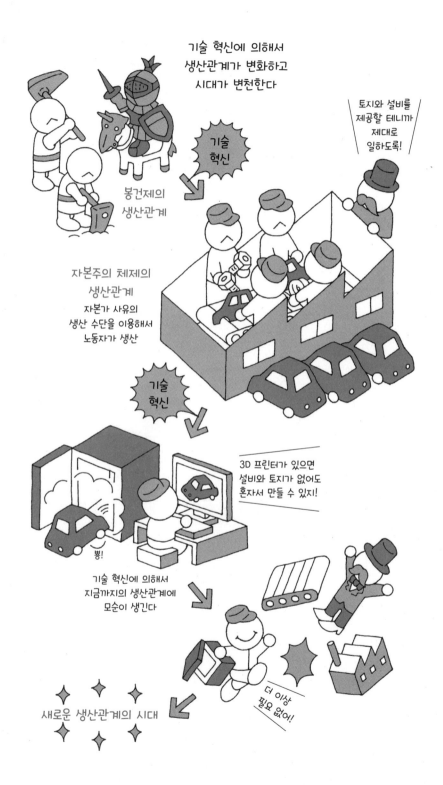

기술 혁신에 의해서
생산관계가 변화하고
시대가 변천한다

토지와 설비를
제공할 테니까
제대로
일하도록!

기술
혁신

봉건제의
생산관계

자본주의 체제의
생산관계
자본가 사유의
생산 수단을 이용해서
노동자가 생산

기술
혁신

3D 프린터가 있으면
설비와 토지가 없어도
혼자서 만들 수 있지!

뿅!

기술 혁신에 의해서
지금까지의 생산관계에
모순이 생긴다

더 이상
필요 없어!

새로운 생산관계의 시대

마르크스

자본가 계급(부르주아)
노동자 계급(프롤레타리아)

문 헌 《공산당 선언》(마르크스/엥겔스)
메 모 러시아에서는 레닌이 노동자 계급 독재를 내걸고 소비
에트 연방을 성립시켰다

계급과 계층

봉건제가 종언을 고하고 영주와 소작인이라는 생산관계(p.38)는 사라졌다. 하지만 다음으로 찾아온 자본주의 제도는 **자본가 계급**과 **노동자 계급**이라는 새로운 생산관계를 만들었다고 마르크스는 말한다.

자본주의가 만들어낸 자본가 계급과
노동자 계급이라는 지배관계

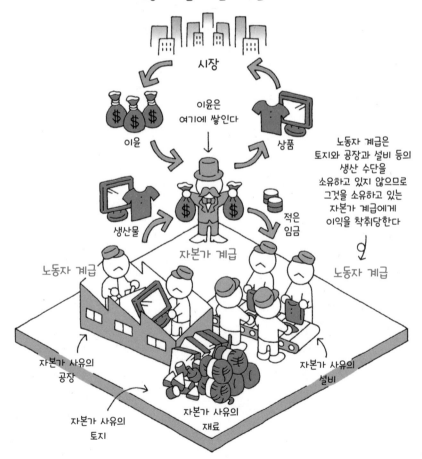

시장

이윤은
여기에 쌓인다

이윤

상품

노동자 계급은
토지와 공장과 설비 등의
생산 수단을
소유하고 있지 않으므로
그것을 소유하고 있는
자본가 계급에게
이익을 착취당한다

생산물

적은
임금

자본가 계급

노동자 계급

노동자 계급

자본가 사유의
공장

자본가 사유의
설비

자본가 사유의
토지

자본가 사유의
재료

나아가 마르크스는 자본주의가 내거는 자유경쟁(자유방임주의 p.36)하에서는 자본가들만 이윤을 추구하고 노동자는 계속 착취당하게 된다고 생각했다. 이 문제를 해결하기 위해 토지와 공장과 설비 등의 생산 수단(p.38)을 사유화하면 안 되고 공공화해야 한다고 마르크스는 주장한다.

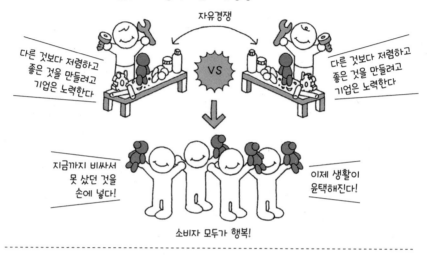

자본주의가 생각하는 자유경쟁(자유방임주의 p.36)

자유경쟁

다른 것보다 저렴하고 좋은 것을 만들려고 기업은 노력한다

VS

다른 것보다 저렴하고 좋은 것을 만들려고 기업은 노력한다

지금까지 비싸서 못 샀던 것을 손에 넣다!

이제 생활이 윤택해진다!

소비자 모두가 행복!

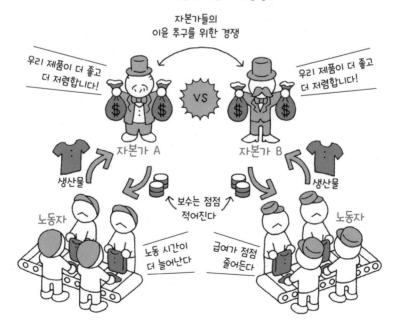

마르크스가 생각하는 자유경쟁

자본가들의 이윤 추구를 위한 경쟁

우리 제품이 더 좋고 더 저렴합니다!

VS

우리 제품이 더 좋고 더 저렴합니다!

자본가 A

자본가 B

생산물

생산물

보수는 점점 적어진다

노동자

노동자

노동 시간이 더 늘어난다

급여가 점점 줄어든다

소외

문　헌　《경제학·철학초고》
메　모　마르크스는 노동의 소외를 생산물에서의 소외, 생산
활동에서의 소외, 유적 존재에서의 소외 3가지로 분류했다

계급과 계층

자본주의 체제하에서는 노동자는 생산 수단(p.38)을 갖고 있지 않으므로 자신의 노동에
의한 생산물도 노동 자체도 노동자 자신의 것은 아니다. 노동자는 생산물과 노동 자체로
부터 **소외**되어 있다. 또한 원래라면 생산활동(노동)과 생산물은 사람들이 연대해서 살
아가기(**유적 존재**가 된다) 위한 것인데 생산활동과 생산물에서 소외됐기 때문에 그러한
연대도 불가능하다고 마르크스는 생각했다.

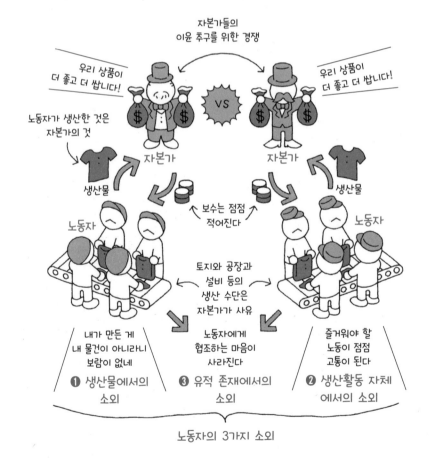

계급투쟁

문 헌 《공산당 선언》(마르크스/엥겔스)
메 모 마르크스는 인류의 역사는 계급투쟁의 역사라고 보고
계급투쟁에 의해서 사회가 발전하면 계급이 사라진다고 생각했다

계급과 계층

지배 계급과 피지배 계급의 생산관계(p.38)는 한 번 구축되고 나면 지배 계급이 그 제도를
유지하려고 하기 때문에 고정화한다. 그런데 기술의 발전으로 생산력(생산물의 공급 능
력)이 향상하면 현재의 생산관계에 문제가 생겨 **계급투쟁**이 일어난다. 그 결과 새로운
생산관계의 시대가 생겨난다고 마르크스는 생각한다.

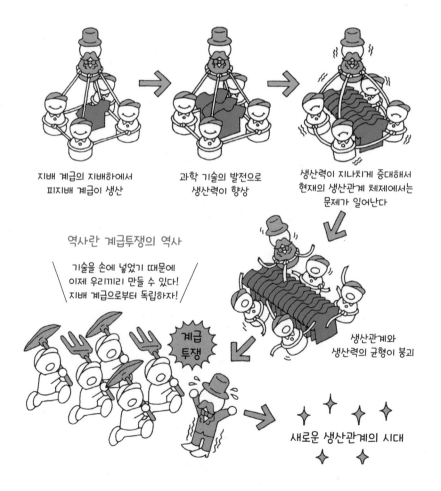

지배 계급의 지배하에서
피지배 계급이 생산

과학 기술의 발전으로
생산력이 향상

생산력이 지나치게 증대해서
현재의 생산관계 체제에서는
문제가 일어난다

역사란 계급투쟁의 역사

기술을 손에 넣었기 때문에
이제 우리끼리 만들 수 있다!
지배 계급으로부터 독립하자!

계급
투쟁

생산관계와
생산력의 균형이 붕괴

새로운 생산관계의 시대

마르크스

사회이론

상부구조 | 하부구조

문 헌 《경제학 비판》
메 모 예를 들어 하부구조, 즉 경제 구조는 자본주의이고 상
부구조, 즉 의식의 존재 방식은 민주주의다

마르크스는 각 시대의 생산관계(p.38)에 의한 경제적 구조를 사회의 토대를 이루는 **하부
구조**로 받아들이고 그 토대 위에 법률, 정치 제도와 종교, 예술, 학문 같은 문화가 **상부
구조**로서 성립되어 있다고 했다. 인간 의식의 형태인 상부구조는 경제적인 토대인 하부구
조에 의해 만들어지기 때문에 생산력의 발전에 의해서 경제적인 토대가 변화하면 그에
수반해서 상부구조도 변화한다고 마르크스는 생각한다.

상부구조(사람들의 의식)
**법률, 정치, 도덕, 문화 등
사람의 의식**

하부구조(경제 구조)
각 시대의 생산관계에 의한 경제 구조를 하부구조라고 한다. 그 시대가 봉건적인지 자본주의적인지 사회
주의적인지 등의 하부구조가 사람들의 의식인 상부구조를 결정한다.
예를 들면 사치에 대한 사람들의 의식은 중세 봉건제에서는 엄금, 사회주의에서는 평등을 훼손시키는 것,
자본주의에서는 동경의 대상이 된다. 즉 사람의 의식이 경제 구조를 만드는 게 아니라 경제 구조가 사람의
의식을 만든다

마르크스

사회이론

이데올로기

의 미 공통의 사회적 조건하에서 공유되는 개념
문 헌 《독일 이데올로기》(마르크스/엥겔스)
메 모 마르크스는 법, 정치, 도덕, 문화 등 상부구조는 모두
이데올로기라고 생각했다

자신의 사상과 신념은 자신의 의식이 만들어낸 것이 아니라 그 시대의 하부구조(p.44)에 의해 결정된다고 마르크스는 생각한다. 가령 중세 봉건제에서 사치는 나쁘지만 자본주의 체제에서는 그렇지 않다. 이처럼 사회적 조건하에서 공유되는 관념을 **이데올로기**라고 부른다.

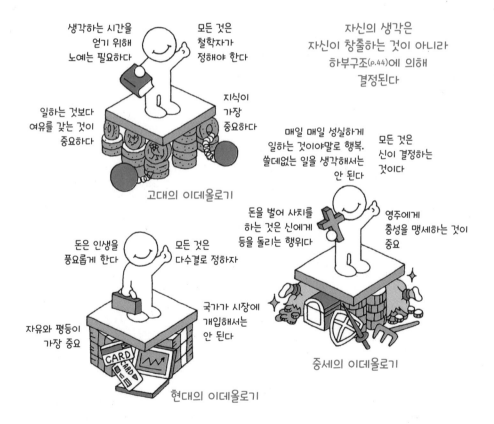

생각하는 시간을 얻기 위해 노예는 필요하다

모든 것은 철학자가 정해야 한다

지식이 가장 중요하다

일하는 것보다 여유를 갖는 것이 중요하다

고대의 이데올로기

자신의 생각은 자신이 창출하는 것이 아니라 하부구조(p.44)에 의해 결정된다

매일 매일 성실하게 일하는 것이야말로 행복. 쓸데없는 일을 생각해서는 안 된다

모든 것은 신이 결정하는 것이다

돈을 벌어 사치를 하는 것은 신에게 등을 돌리는 행위다

영주에게 충성을 맹세하는 것이 중요

중세의 이데올로기

돈은 인생을 풍요롭게 한다

모든 것은 다수결로 정하자

자유와 평등이 가장 중요

국가가 시장에 개입해서는 안 된다

현대의 이데올로기

자신이 살아가는 시대의 생산관계(p.38)를 의식하지 않고 마치 자신이 주체적으로 생각한 의견과 같이 발산된 주의주장을 마르크스는 **허위의식**이라고 부르며 비판했다.

마르크스

▶018

유물사관

문　헌　《경제학 비판》
메　모　경제가 발전함에 따라 정신이 발전한다고 하는 마
르크스의 유물사관에 대해 콩트(p.18)는 정신이 발전함에 따라
문명이 발전한다(3단계 법칙 p.35)고 생각했다

사회이론

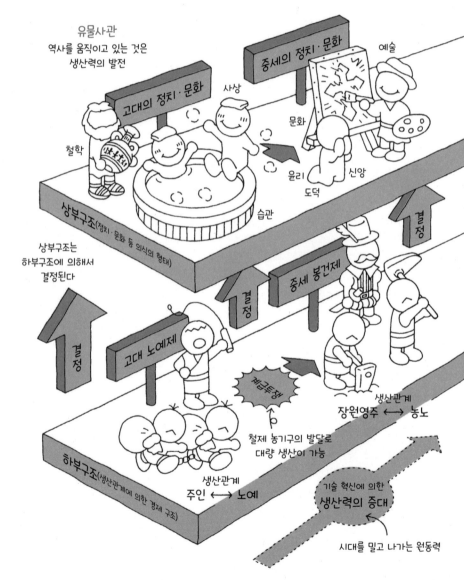

유물사관
역사를 움직이고 있는 것은
생산력의 발전

중세의 정치·문화

예술

고대의 정치·문화

사상

문화

철학

윤리

신앙

도덕

습관

상부구조(정치·문화 등 의식의 형태)

상부구조는
하부구조에 의해서
결정된다

결정

결정

결정

결정

중세 봉건제

고대 노예제

계급투쟁

철제 농기구의 발달로
대량 생산이 가능

생산관계
장원영주 ⟷ 농노

하부구조(생산관계에 의한 경제 구조)

생산관계
주인 ⟷ 노예

기술 혁신에 의한
생산력의 증대

시대를 밀고 나가는 원동력

046

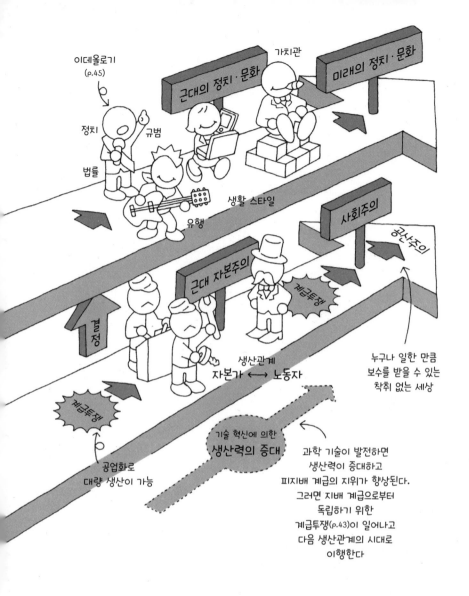

이데올로기
(p.45)

가치관

근대의 정치·문화

미래의 정치·문화

정치

규범

법률

생활 스타일

유행

사회주의

공산주의

근대 자본주의

계급투쟁

결정

생산관계
자본가 ←→ 노동자

누구나 일한 만큼
보수를 받을 수 있는
착취 없는 세상

계급투쟁

공업화로
대량 생산이 가능

기술 혁신에 의한
생산력의 증대

과학 기술이 발전하면
생산력이 증대하고
피지배 계급의 지위가 향상된다.
그러면 지배 계급으로부터
독립하기 위한
계급투쟁(p.43)이 일어나고
다음 생산관계의 시대로
이행한다

사람은 의식주를 위해 물건을 계속 생산할 필요가 있다. 그래서 사람은 그 시대의 기술 수준에 맞는 생산관계(p.38)를 맺는다. 그러면 생산관계가 토대(하부구조 p.44)가 되어 사람의 의식 형태인 정치제도와 문화(상부구조 p.44)가 생겨난다. 마침내 기술의 진보에 의해 생산력(생산물의 공급력)이 증대하면 그때까지의 생산관계를 지속할 수 없게 되어 계급투쟁(p.43)이 일어난다. 이렇게 해서 시대는 노예제 → 봉건제 → 자본주의 → 사회주의 → 공산주의 순으로 진보한다고 마르크스는 생각했다. 이처럼 역사를 움직이는 원동력을 사람의 의식 같은 정신적인 것이 아니라 생산력의 발전 같은 물질적인 것이라고 생각하는 것을 **유물사관(사적 유물론)**이라고 한다.

섬너

국가와
글로벌
리제이션

에스노센트리즘(자민족중심주의)

문　헌　《습속론 Folkways》
메　모　섬너는 '우리'의 집단은 내집단, '그들'의 집단은 외
　　　　집단이라고 불렀다. 에스노센트리즘이란 내집단을 우수하다고
　　　　생각하고 외집단을 열등하고 간주하는 태도

섬너는 국가 권력이 경제 경쟁에 개입해서는 안 된다고 하는 자유방임주의(p.36)를 지지
했다. 왜냐하면 국가 권력이 비대해진 제국주의와 군국주의를 싫어했기 때문이다. 제국
주의와 군국주의는 **에스노센트리즘(자민족중심주의)**에 기초하고 있다고 그는 말한다.
에스노센트리즘이란 자신이 자라온 집단, 민족의 문화를 우수하다고 생각하고 그것을
기준으로 해서 다른 문화와 집단의 사람들을 낮게 평가하는 태도를 가리킨다.

일찍이 섬너는 자신들의 문화에 동화하지 않는 다른 사람들을 받아들이고 그 가치를 인정
하고 차이가 있는 그대로 공존하는 사회를 이상적이라고 봤다.

베블런

▶020

과시적 소비

문화와
소비사회

문 헌 《유한계급의 이론》
메 모 베블런은 비생산적 시간의 소비를 과시적 한가라고
부른다. 그리고 과시적 한가도 과시적 소비와 함께 유한계급을
나타내는 방법이라고 했다

현대를 살아가는 우리는 생활필수품의 소비와 같은 수준으로 타인과의 차이를 창출하는
기호의 소비를 수행하고 있다.

나는 개성적이다

이럴

현대에서는,
가령 복장의 기능보다
'개성적'이라는 기호가
더 중요하다.
물건이 기호라고 한다면
개성적인 의복을 입는 것은
언어로 '개성적'이라고
말하는 것과 같다

기호적 소비(p.244)에 최초로 착안한 것이 베블런이다. 초기 단계의 기회적 소비는 **과
시적 소비**가 주류였다. 과시적 소비란 일하지 않아도 되는 귀족들 **유한계급**이 재산을
갖고 있다는 것을 과시하기 위해 고가의 물품과 서비스 등을 소비하는 것을 말한다.

과시적 소비
(남에게 자랑하기 위한 소비)

아름답기 때문에 고가인지
고가이기 때문에 아름답다고
느끼는지 알 수 없게 됐다…

나도
할 수 있을
것 같아

멋지다!

1000만 원

기호적 소비의
초기 단계는
귀족들의
과시적 소비였다

마침내 계급이 낮은
사람들 사이에도 체면을
유지하기 위한
과시적 소비가 확산됐다

산업사회가 발달(공업화)함에 따라 계층이 낮은 사람들 중에서도 체면을 유지하는 수단
으로 과시적 소비가 만연했다.

퇴니에스

게마인샤프트 | 게젤샤프트

문 헌 《게마인샤프트와 게젤샤프트》
메 모 퇴니에스가 근대적 결속은 진정한 결속이 아니라고
한 반면 뒤르켐(p.21)은 다른 견해를 가졌다

공공성과
커뮤니티

퇴니에스는 인간사회의 기본 모습을 둘로 나누고 각각 **게마인샤프트**, **게젤샤프트**라 명명
했다. **본질의지**에 의한 게마인샤프트가 진정한 공동생활이여 **선택의지**에 의한 게젤샤
프트는 일시적인 외견상의 공동생활이라고 생각한다.

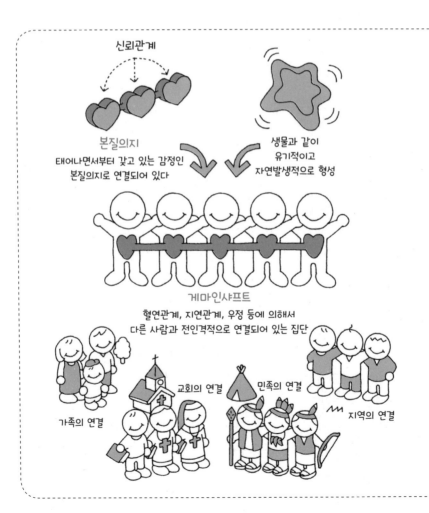

하지만 근대(자본주의)로 발전하는 가운데 사회가 게마인샤프트에서 게젤샤프트로 변화하는 것은 필연이라고 그는 예언했다.

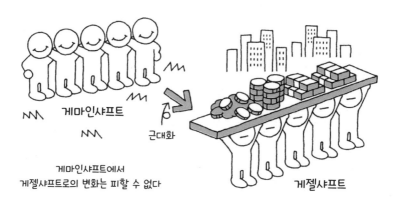

게마인샤프트

근대화

게마인샤프트에서
게젤샤프트로의 변화는 피할 수 없다

게젤샤프트

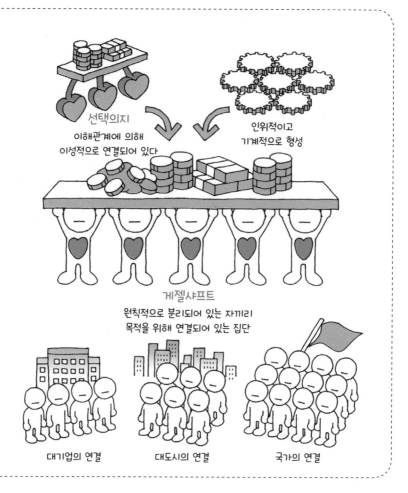

선택의지
이해관계에 의해
이성적으로 연결되어 있다

인위적이고
기계적으로 형성

게젤샤프트
원칙적으로 분리되어 있는 자끼리
목적을 위해 연결되어 있는 집단

대기업의 연결

대도시의 연결

국가의 연결

뒤르켐

▶021

사회적 사실

의 미 개인에게 있어 외재적이며 개인을 구속하는 것
문 헌 《사회학적 방법의 규칙들》
메 모 사회적 사실을 사회학의 연구 대상으로 하는 뒤르켐
학파(사회학주의)에 모스(p.24)와 알박스(p.24)가 있다

사회이론

사회란 개인의 마음(의식) 속에만 있는 것이 아니라 실제로 사물과 같이 실재한다고 뒤르켐은 주장한다. 만약 사회가 실재하지 않는 거라면 사회학은 실증적인 과학이 될 수 없기 때문이다.

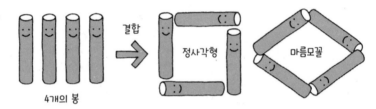

4개의 봉이 연결되면 정사각형이나 다이아몬드 형태 등
단순한 4개의 봉과는 별도의 사물이 생긴다.
마찬가지로 개개인이 어떤 관계로 연결되면
개인의 총합과는 다른 사회라는 것이 생겨난다

뒤르켐은 개개인이 연결되면 개인의 총합과는 별도의 사회라는 사물이 형성된다고 생각했다. 그리고 그 사회가 사회 스스로를 유지하기 위해 **사회적 사실**을 낳는다고 주장했다.

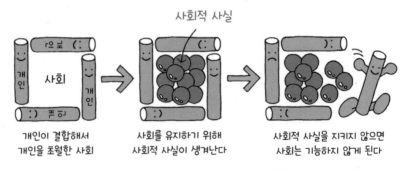

개개인이 연결되어 사회가 생기면 개개인의 의식을 초월한 집합의식이 생겨난다.
이 집합의식이 사회적 사실을 만든다

그가 말하는 사회적 사실이란 구체적으로 무엇을 가리키는 걸까?

우리들은 습관이나 법률 등 규범(룰)에 기초해서 행동하고 있다. 규범은 자신이 만들어 내는 것이 아니라 우리가 태어날 때부터 사회 속에 이미 존재하고 있다. 이처럼 개인의 바깥에 존재하고 더욱이 법을 침범하면 범죄자가 되는 것과 같이 강제력을 갖고 있는 규범과 관습을 뒤르켐은 사회적 사실이라고 불렀다.

다양한 사회적 사실

사회가 생기면 모두가 사회를 지키지 않으면
안 된다는 집합의식이 생겨나 규범을 만들어낸다.
이 규범을 사회적 사실이라고 한다

종교

예절

LAW

법률

도덕

유행

유행에 역행하면
이상한 사람으로 보인다

밤에 잔다   아침에 일어난다

습관

가령 정장 차림을 하고
헬스를 하거나
포크로 주먹밥을 찍어 먹거나,
젓가락으로 카레를 먹으면
이상한 사람으로 보인다

지켜야 할
사회적
사실(규범)이
많기도 하네~

뒤르켐

사회화

문 헌 《사회학적 방법의 규칙들》
메 모 나중에 버거(p.181)와 루크만(p.13)은 유아기의 가정 내 사회화를 제1차 사회화, 성숙기의 학교와 직장 내 사회화를 제2차 사회화라고 명명했다

공공성과 커뮤니티

인간은 다양한 사람과 접하면서 사회 규범(룰)인 사회적 사실(p.52)을 습득하고 사회인으로서 제 역할을 하는 존재가 된다. 이 과정을 **사회화**라고 한다.

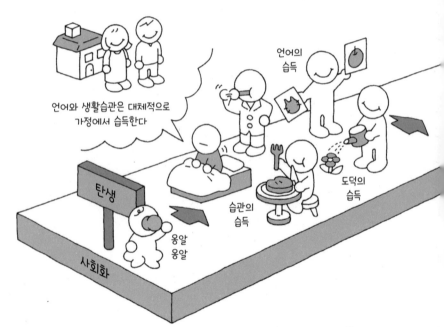

언어와 생활습관은 대체적으로 가정에서 습득한다

언어의 습득

탄생

옹알 옹알

습관의 습득

도덕의 습득

사회화

뒤르켐에 따르면 사회는 사람들에게 사회화(룰의 습득)를 일방적으로 강제한다. 만약 개인이 사회화하지 않고 사회적 사실(룰)에 저항한다면 사회는 개인에게 보복이나 형벌을 가하기 시작한다. 그렇게 해서 사회는 안정을 유지하고 있다는 게 그의 생각이다.

다시는 하지 않겠습니다. 용서해주세요!

사회화하지 않으면 주위의 반감에 직면한다.
사회의 안정은 이 원리에 의해서 유지되고 있다

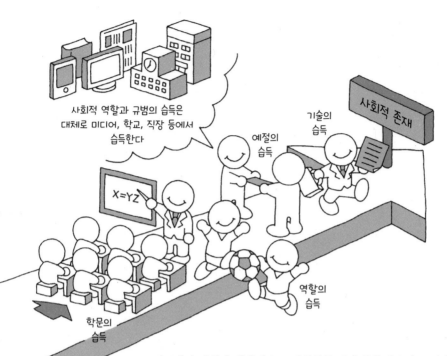

사회적 역할과 규범의 습득은
대체로 미디어, 학교, 직장 등에서
습득한다

예절의
습득

기술의
습득

사회적 존재

X=YZ

학문의
습득

역할의
습득

뒤르켐이 사회가 일방적으로 사회화를 사람에게 강요하고 있다고
생각한 데 대해 이후에 등장한 미드(p.22)는 우리들 자신이 새로운
사회(룰)를 계속 만들어내고 있다고 생각한다.

뒤르켐의 생각

확고한 보편적 규범이 사회에 존재하고
사회는 그것을 사람에게 강제한다

내(사회)가 안정적이려면
모두가
사회화하도록 한다

사회

기능주의(p.129)
매크로 사회학(p.140)에 영향

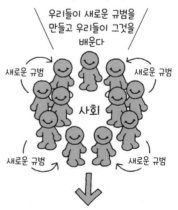

미드(p.22)의 생각

사람들은 사회화하면서도 자신들 스스로가
새로운 규범(사회)을 항상 만들어내고 있다
(아이와 미 p.87)

우리들이 새로운 규범을
만들고 우리들이 그것을
배운다

새로운 규범   새로운 규범

사회

새로운 규범   새로운 규범

의미학파(p.141)
미크로 사회학(p.141)에 영향

뒤르켐

아노미 Anomie

의 미 무질서 상태, 무규제 상태를 말한다
문 헌 《사회분업론》, 《자살론》
메 모 뒤르켐은 무법 상태(anomia)를 의미하는 그리스어를
사회학 개념에 이용했다

자기와
상호행위

'이것이 갖고 싶다, 저것이 갖고 싶다'는 욕망은 계속해서 일어난다. 하지만 사회의 규범과
도덕(사회적 사실 p.52)에 의해서 욕망은 억제되고 있다. 그런데 대불황이나 그 반대인
경제의 급성장기에 사회가 혼란하면 모두의 욕구를 억제했던 규범이나 도덕이 기능하지
않게 되어 사람의 욕구가 한없이 비대해진다. 이 상태를 **아노미**라고 한다.

욕망이 끝없이 비대해지면 그 욕구를 이룰 수 있는 수단이 없기 때문에 불만, 초조함, 절망감 등이 사람을 습격해서 혼란 상태가 되어 아노미적 범죄와 아노미적 자살(p.60)을 초래한다고 뒤르켐은 생각한다. 사회 정세가 급변하는 현대사회는 아노미의 시대라고 할 수 있다.

아노미적 범죄와 아노미적 자살 ❶ (호황→대불황)

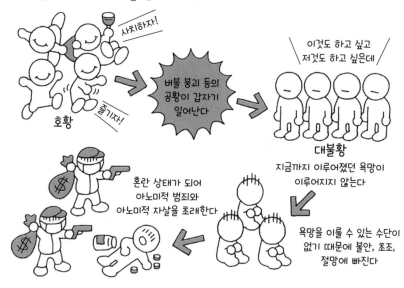

아노미적 범죄와 아노미적 자살 ❷ (불황→대호황)

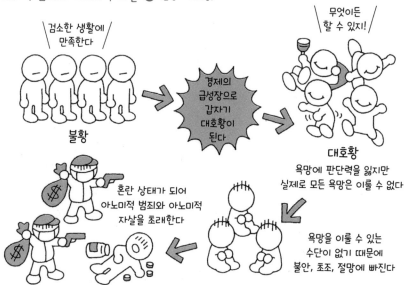

뒤르켐

기계적 연대 | 유기적 연대

문 헌 《사회분업론》
메 모 인간의 상호행위는 사회를 유지하기 위한 기능이라고
보는 이 개념은 기능주의(p.129)에 영향을 주었다.

공공성과
커뮤니티

뒤르켐은 근대사회(자본주의사회)와 그 이전의 사회를 나누는 키워드는 **분업**이라고 말한다. 원시사회에서는 사람들은 모두 같은 생활을 하지만 인구가 늘어 사회가 복잡해지면 사회를 효율적으로 움직이기 위해 사람들의 노동 내용은 제각각이 된다. 이것이 분업이다.

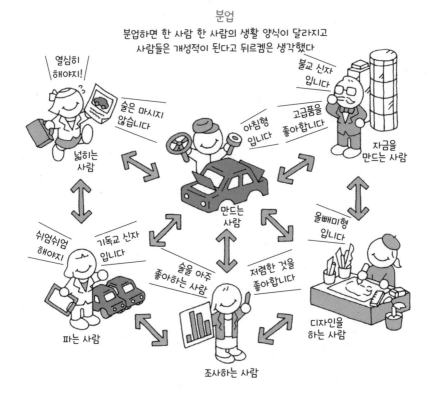

각자가 별도의 일을 담당하는 사회에서는 한 사람 한 사람이 개성적인 존재가 되어 간다. 뒤르켐은 개개인이 이질의 일을 담당하고 있기 때문이야말로 상호 의존하고 연대감이 생긴다고 생각했다. 이것을 **유기적 연쇄(분업사회)**라고 부른다. 이에 대해 원시사회와 같이 사람들이 모두 같은 생활을 하면서 '같다'는 이유에 의해서 연대하고 있는 상태를 **기계적 연대(환절사회 環節社會)**라고 부른다.

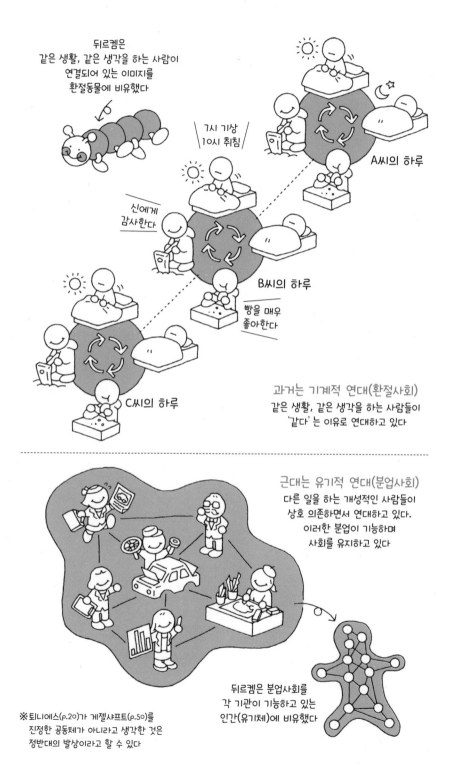

뒤르켐은
같은 생활, 같은 생각을 하는 사람이
연결되어 있는 이미지를
환절동물에 비유했다

7시 기상
10시 취침

신에게
감사한다

A씨의 하루

B씨의 하루

빵을 매우
좋아한다

C씨의 하루

과거는 기계적 연대(환절사회)
같은 생활, 같은 생각을 하는 사람들이
'같다'는 이유로 연대하고 있다

근대는 유기적 연대(분업사회)
다른 일을 하는 개성적인 사람들이
상호 의존하면서 연대하고 있다.
이러한 분업이 기능하며
사회를 유지하고 있다

뒤르켐은 분업사회를
각 기관이 기능하고 있는
인간(유기체)에 비유했다

※퇴니에스(p.20)가 게젤샤프트(p.50)를
진정한 공동체가 아니라고 생각한 것은
정반대의 발상이라고 할 수 있다

059

뒤르켐

자살의 4가지 유형

자기와
상호행위

문　헌　《자살론》
메　모　뒤르켐은 ❶ 자기본위적 자살과 ❷ 집단본위적 자살
❸ 아노미적 자살과 ❹ 숙명적 자살을 각각 대립하는 조합이라고
생각했다

사회학자였던 뒤르켐이 **자살**이라는 매우 개인적인 행위를 연구한 이유는 자살의 원인이
사회에 있다고 생각했기 때문이다. 각국의 자살률 순위와 수치는 매년 크게 변화하지
않는다. 만약 자살이 순수하게 개인적인 행위라고 한다면 수치와 순위는 해에 따라서
크게 달라야 한다. 거기에는 개인의 의사를 뛰어넘은 사회의 힘이 작용하고 있다고 생각
할 수밖에 없다는 게 그의 주장이다.

뒤르켐은 자살률 통계에서 규칙을 찾아내고 개인적 사정을 뛰어넘은 자살을 초래하는
사회적 요인을 **자기본위적 자살, 집단본위적 자살, 아노미적 자살, 숙명적 자살**의 4가
지로 분류했다(**자살의 4유형**)

❶ 자기본위적 자살(새로운 타입의 자살)
집단의 관계가 약한 사회에서 생기는 자살

❷ 집단본위적 자살
집단과 관계가 지나치게 강한 사회에서 일어나는 자살

❸ 아노미적 자살(아노미 p.56)
대불황 시에 절망하거나 반대로 호황 시에 욕망을 조절하지 못해 일어나는 자살

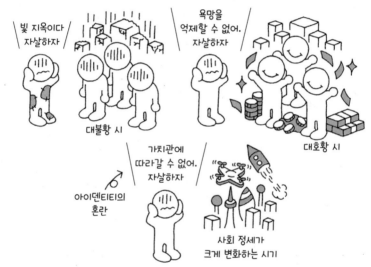

❹ 숙명적 자살(오랜 타입의 자살)
아노미와 반대로 전통과 관습이 사람을 구속하는 힘이 지나치게 강한 사회에서 일어나는 자살

뒤르켐은 사회는 사람들에게 자살을 강요할 정도의 힘을 갖고 실재하고 있다고 주장했다.

사회실재론 | 사회명목론
(社會實在論 | 社會名目論)

메 모 사회학은 기본적으로는 사회실재론을 전제로 한다.
사회명목론의 대다수는 개인을 사회보다 우선적으로 생각하는
입장이다

사회이론

사회

사회실재론

개인과는 별도로
사회라는 것이 실재한다

방법론적 집합주의

개인이 모여서
사회라는 실재를
형성한다고
생각하는 입장

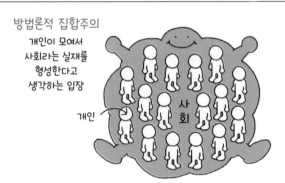

개인

사
회

사회

사회명목론

실재하는 것은
개인 또는 개인과 개인의
관계뿐이며
사회란 편의상 이름에
지나지 않는다

방법론적 개인주의

사회란
개인의 집합이라고
생각하는 입장

행위하는 개인

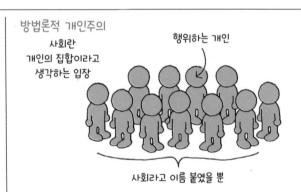

사회라고 이름 붙였을 뿐

방법론적 관계주의

사회란
인간관계의
집합이라고
생각하는 입장

인간관계(심적 관계)

사회라고 이름 붙였을 뿐

사회라는 것은 단순한 편의상 이름이며 실재하는 것은 개인 또는 개인 간의 **상호작용***
뿐이라고 생각하는 입장을 **사회명목론(사회유명론)**이라고 한다. 베버와 짐멜 등이 대표적
이다. 반대로 사회는 실재한다고 생각하는 입장을 **사회실재론**이라고 하며 뒤르켐 등이
대표적이다. 사회명목론은 의미학파(p.141) 등의 미크로 사회학(p.141), 사회실재론은
사회시스템론(p.140)과 기능주의(p.129) 등의 매크로 경제학(p.140)으로 발전했다.

*2인 이상의 인간이 상호 영향을 주고받는 것

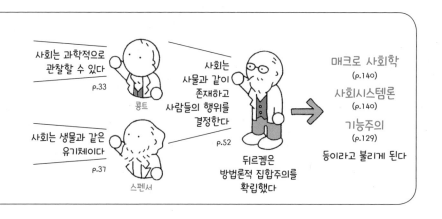

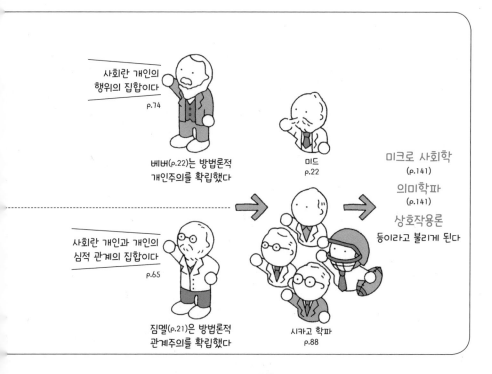

딤멜

형식사회학

의 미 인간의 심적 상호작용 형식을 사회학의 대상으로 하
는 입장
문 헌 《사회학》
메 모 형식사회학은 미크로 사회학(p.141)에 영향을 미쳤다

사회이론

콩트와 스펜서는 경제학, 법학, 정치학, 심리학 등 사회에 관한 모든 학문을 종합해서
연구하는 학문이 사회학이라고 주장했다(**종합사회학**). 그들의 주장대로라면 사회학에
실체가 없어진다. 딤멜은 사회학도 과학과 마찬가지로 전문성이 없어서는 안 된다고 생각
했다.

예를 들어 어느 마을을 고찰하는 경우 경제학자는 마을의 경제 구조와 예산에 주목할 것
이다. 신학자는 마을의 교양 내용에 주목한다. 그러면 사회학자는 무엇에 주목해야 할까?

딤멜은 인간관계의 형식에 주목하는 것이 사회학이라고 말한다. 예를 들어 촌장과 촌민,
촌민 간의 관계가 지배 복종 관계인지 신뢰 관계인지 투쟁 관계인지 분업 관계인지에
주목해야 한다는 것이다.

여기서 중요한 것은 내용이 아니라 형식이다. 따라서 촌장의 주의주장 내용과 투쟁 이유와 목적, 분업에 의해서 무엇을 만들 수 있는가? 등은 그의 연구 대상은 아니다.

짐멜은 뒤르켐(p.21)과 마찬가지로 사회가 사물과 같이 실재(사회적 사실 p.52)한다고는 생각하지 않았다. 짐멜에게 사회란 신뢰 관계, 투쟁 관계, 개인 간에 생기는 인간관계 형식(**심적 상호작용**)의 집합이다. 이 형식을 연구 대상으로 하는 것이 짐멜의 **형식사회학**이다.

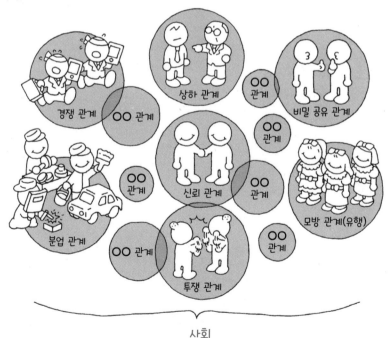

사회

상하 관계, 투쟁 관계, 모방 관계, 분업 관계 등 인간관계 형식의 집합이 짐멜이 생각하는 사회.
이러한 인간관계는 목적과 내용은 달라도 모든 집단에 공통적으로 드러난다고 그는 생각했다.
즉 모든 집단은 공통의 구조를 하고 있다는 것이다

베버

▶022

가치자유

의 미 주관적인 가치관에서 자유로워지는 것
문 헌 《사회 과학과 사회 정책에 관련된 인식의 객관성》
메 모 어떤 학문이건 항상 가치자유에 유념해야 한다고 베
베는 생각했다

사회이론

베버는 사실과 가치를 확실히 구분하고 경제학, 정치학, 사회학 등의 사회과학은 어디까지나 사실을 인식하기 위한 것이며 그것이 선한지 악한지 평가(**가치 판단**)를 해야 하는 것은 아니라고 했다. 이처럼 주관적인 가치관에서 자유로워지는 것을 **가치자유**라고 한다.

사실과 가치를 확실히 구분하고
사회과학은 사실을 취급해야
한다고 베버는 생각했다

이에 대해 어느 가치 기준에 기초한 목적을 설정하고 그 실현을 지향하는 것은 **사회 정책**(정치)의 역할이다. 이때 사회과학자는 목적을 위한 수단을 제시하고 비용을 산출하고 목적이 사회에 어떠한 효과를 초래하는지를 객관적으로 설명함으로써 사회 정책에 공헌한다.

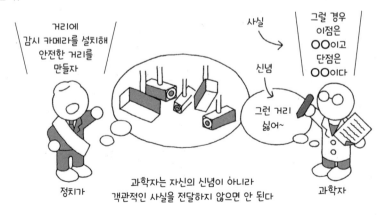

과학자는 자신의 신념이 아니라
객관적인 사실을 전달하지 않으면 안 된다

과학자 자신의 가치관에 편향적인 정보만을 제시해서는 안 된다. 그렇다고 해서 인간은 누구라도 좋고 싫음 등의 개인적인 가치관에서 도망칠 수 없다. 가치자유란 개인은 반드시 특정 가치관을 갖게 되므로 그것을 깨우치지 않으면 사실을 냉정하게 파악할 수 없게 된다는 경고이기도 하다. 가치자유의 태도를 가지는 것의 중요함은 과학 전문가가 아니라도 실감할 수 있을 것이다.

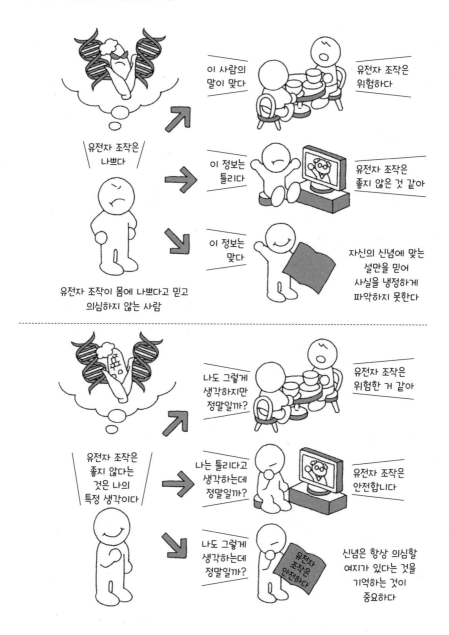

베버

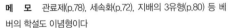
이념형

사회이론

의 미 특정 관점에서 실재 현상의 본질적 특징을 추출해서 만들 수 있는 논리적 모델

메 모 관료제(p.78), 세속화(p.72), 지배의 3유형(p.80) 등 베버의 학설도 이념형이다

예를 들면 화폐경제는 화폐와 물건의 교환이 대원칙이다. 그런데 실제로는 무료나 절도 등 예외가 많이 있다. 하지만 그들 모두를 고려하면 화폐경제의 기본적인 성격을 파악하기 어렵다. 그래서 화폐경제의 원리원칙만을 추려내면 화폐경제의 **이념형**이 완성된다.

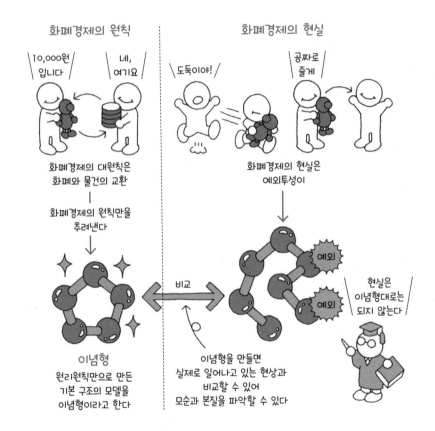

이념형은 머릿속에서 만든 이상상이므로 현실에는 존재하지 않는다. 하지만 이념형의 모델을 만들면 그것을 참조하면서 현실에 일어나고 있는 현상의 본질과 모순을 파악할 수 있다고 베버는 생각했다.

베버

합리화

문　헌　《프로테스탄티즘의 이론과 자본주의 정신》
메　모　베버는 프로테스탄티즘의 신앙과 합리화가 대립하는
게 아니라 오히려 친화성이 높다고 지적하고 자본주의의 기초가
됐다고 생각했다

사회이론

신이여
태풍을
멈추어라!

사람들은
주술로
신과 교신했다

과학의 발전

인간의 행위는
비합리적 행위에서
합리적 행위로
진화한다
(p.75)

근대화란
합리화를
말한다

날씨 예보를 보고
계획적으로
행동하자

베버의 생각은
모두 합리화가
키워드이다

종교는 개인의
의식 속으로 후퇴

과학이 발전하면 자연을 객관적으로 파악할 수 있게 돼 사람들에게 합리적인 세계관이
공유된다. 이것을 **합리화**라고 한다. 합리화에 의해 사람들은 신령이나 부처 같은 초자
연적인 힘에 의지하지 않게 된다. 그러면 사람들의 생활 속에 사실로 존재했던 종교는
개인의 의식 속에만 있는 존재로 바뀐다(**탈주술화**). 베버는 근대화란 다름 아닌 합리화
(탈주술화)라고 생각했다.

베버

문화와
소비사회

프로테스탄티즘

▶022

문 헌 《프로테스탄티즘의 논리와 자본주의 정신》
메 모 베버는 프로테스탄트의 금욕적 성질이 자본주의 정신
에 오히려 부합한다는 역설을 펼치며 자본주의가 어떻게 탄생했
는지를 설명했다

돈을 벌고 싶은 마음은 만국 공통일 것이다. 그러면 왜 근대의 서양에서만 자본주의라는
시스템이 생겨난 걸까? 베버는 **프로테스탄티즘**의 금욕적인 정신 상태(에토스 p.73)가
자본부의를 만들어냈다고 생각했다. 프로테스탄티즘이란 칼뱅의 종교개혁에서 발생한
예정설을 기본으로 하는 기독교 사상을 말하다.

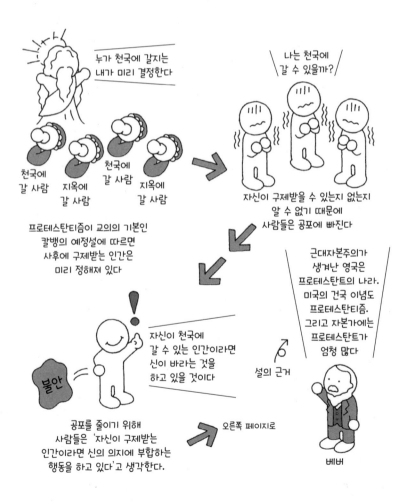

누가 천국에 갈지는
내가 미리 결정한다

천국에
갈 사람

지옥에
갈 사람

천국에
갈 사람

지옥에
갈 사람

프로테스탄티즘이 교의의 기본인
칼뱅의 예정설에 따르면
사후에 구제받는 인간은
미리 정해져 있다

나는 천국에
갈 수 있을까?

자신이 구제받을 수 있는지 없는지
알 수 없기 때문에
사람들은 공포에 빠진다

근대자본주의가
생겨난 영국은
프로테스탄트의 나라.
미국의 건국 이념도
프로테스탄티즘.
그리고 자본가에는
프로테스탄트가
엄청 많다

설의 근거

베버

불안

자신이 천국에
갈 수 있는 인간이라면
신이 바라는 것을
하고 있을 것이다

공포를 줄이기 위해
사람들은 '자신이 구제받는
인간이라면 신의 의지에 부합하는
행동을 하고 있다'고 생각한다.

오른쪽 페이지로

베버는 정반대로 보이는 프로테스탄티즘의 금욕적 태도와 근대자본주의가 역설적으로 연결되어 있음을 제시했다.

▶022

베버

세속화

의 미 신앙에 기초한 생활 양식에서 신앙적 영향력이 작아지는 것을 말한다

문 헌 《프로테스탄티즘의 윤리와 자본주의 정신》

메 모 반대어는 신성화

문화와
소비사회

신앙에 기초한 생활 양식에서 종교성이 엷어져 가는 것을 **세속화**라고 부른다. 프로테스탄티즘(p.70)에서 발생한 자본주의도 세속화에 의해서 부의 추구가 목적이 되어 종교성은 희박해졌다.

신의 축복을 받으려면 일을 하자 → 돈을 위해 일을 하자

노동이 세속화
(프로테스탄티즘 p.70)

근대화에 의해서 역사는 다양한 측면에서 세속화하는 경향이 있다고 베버는 주장했다.

신에게 감사하는 날 → 즐거운 휴일 다녀오겠습니다

신성한 장소 → 야호! 즐거운 관광지

베버

의 미 교의의 내용 자체가 아니라 교의의 내용에 기초한
사람들의 주체적인 감정과 습관
문 헌 《음악사회학》, 《프로테스탄티즘의 윤리와 자본주의
정신》

문화와
소비사회

베버는 종교의 교의(가르침)에 기초한 사람들의 주체적인 소비와 정신 상태를 **에토스**라고
불렀다. 베버는 종교의 교의 내용 자체가 아니라 에토스가 만들어내는 사람들의 행위에
착안했다. 그 결과 프로테스탄티즘(p.70)의 금욕적인 에토스가 자본주의를 만들어냈다는
결론에 이르렀다.

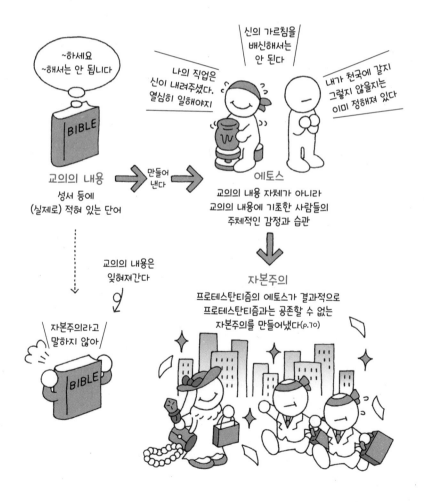

베버

사회적 행위

의 미   다른 사람과의 관계에서 이루어지는 행위
문 헌   《사회학의 기초개념》
메 모   인간의 행위는 비합리적 행위에서 합리적 행위로 진
화한다고 베버는 생각했다

사회이론

베버의 사회학은 인간의 행위에 주목한다. 사회란 인간의 행위가 모인 것이라고 생각했기 때문이다. 베버는 행위 중에서도 다른 사람과의 상호관계가 전제가 된 **사회적 행위**를 연구 대상으로 했다.

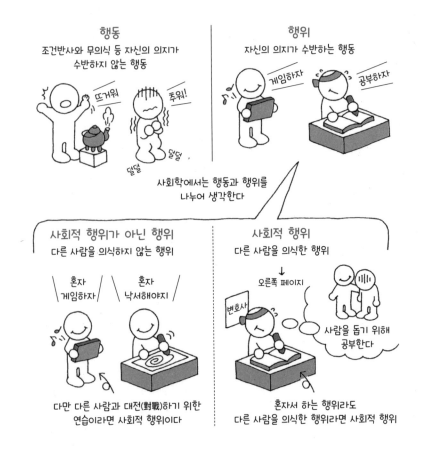

누구에게도 보이지 않는 행위와 사회적 행위는 크게 다르다. 베버는 사회적 행위의 개인적인 동기와 의미를 이해하고 사회 사상의 성립을 분석하려고 했다. 이 접근을 **이해 사회학**이라고 부른다.

❶ 전통적 행위

습관에서 생기는 행위

전통적 행위도
일종의
사회적 행위

아침에 일어난다

인사한다

행위는 ❶❷와 같은
비합리적 행위에서
❸❹와 같은 행위로
진화한다

교회에 간다

베버

❷ 감동(감정)적 행위

감정에서 생기는 행위

서로 웃는다

화낸다

기뻐한다

사회적 행위의 4유형

---

❸ 가치합리적 행위

자신의 신념과 가치관에 의한 행위

윤리관에
따라
고기를
먹지 않는다

사람을 돕는다

주의한다

가르친다

❹ 목적합리적 행위

목표를 설정하고 달성하기 위한
이성적인 행위.
예기치 않은 결과도 고려하는
성숙한 행위

목적을 위해
공부한다

목적을 위해
설계도를 만든다

목적을 위해
계획을 세운다

베버

폭력의 독점

질서와 권력

문　헌　《직업으로서의 정치》
메　모　《국가사회학》(베버)에는 '국가란 특정 영역에서 합법적이고 물리적인 강제력(폭력)의 독점을 요구하는 인간 공동체'라고 돼 있다

다른 사람을 자신의 의지에 따르게 할 수 있을 때 **권력**을 갖고 있다고 말한다. 권력이 있는 사람은 강제력을 갖게 된다. 강제력에는 관료제(p.78) 등의 제도적인 강제력과 폭력(무력)에 의한 물리적인 강제력이 있다. 근대국가에서 물리적인 강제력은 국가(군대, 경찰)에 의해서 독점되었다. 베버는 **폭력의 독점**이 국가가 성립하는 조건이라고 생각했다.

경찰

형무

폭력의 독점이 국가가 성립하는 조건

군대

정당 방위

예외
국가가 허가하는 범위의 사적 폭력

민간 경비회사

국가의 정의는 폭력을 독점으로 행사하고 있다는 것이다

따라서 이러한 폭력을 일반인이 휘두른다면 범죄이다

폭력의 독점은
정당한 절차에 따라
이루어진다

국민이
대변자를
결정한다

대변자가
국회에서
법률을 만든다

정당한
폭력!

민주적으로 결정한
법률에 의한 것으로
국가는 정당하게
폭력을 휘두른다

폭력의 독점은 정당한 프로세스에 의해서 이루어져야만 한다고 베버는 강조한다. 한편 이러한 제도는 **폭력장치**라고 불리기도 한다.

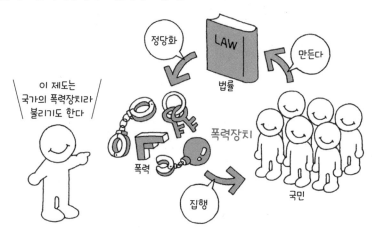

이 제도는
국가의 폭력장치라
불리기도 한다

정당화

LAW

만든다

법률

폭력장치

폭력

집행

국민

베버

관료제
(官 僚 制)

문 헌 《지배의 사회학》
메 모 여기서 말하는 관료제는 '사회 집단의 복잡화에 수반해서 생기는 합리적·능률적 조직'이라는 의미이며 공적 기관이 아닌지는 따지지 않는다

질서와 권력

인구가 증가하여 집단(사회)이 커지고 복잡해지면 **관료제**가 드러난다고 베버는 주장했다. 관료제란 합리적인 규칙에 기초하여 문서로 사무 처리가 이루어지고 전문적인 훈련을 받은 직원에 의해서 분업되는 특징을 갖는 제도를 말한다. 관공서, 학교, 회사 등 현대의 모든 집단은 관료제로 성립되어 있다.

관료제의 특징

1.

합리적인 규칙에 따라서 업무가 수행된다

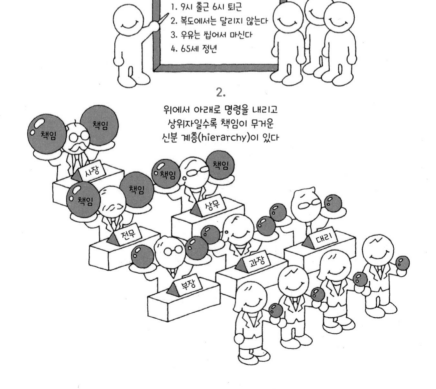

1. 9시 출근 6시 퇴근
2. 복도에서는 달리지 않는다
3. 우유는 씹어서 마신다
4. 65세 정년

2.

위에서 아래로 명령을 내리고 상위자일수록 책임이 무거운 신분 계층(hierarchy)이 있다

책임 책임
사장
책임 책임 책임
책임 책임
상무
전무
대리
과장
부장

3.
구두가 아니라 문서라는 객관적인 수단으로
사무를 처리한다

경비로
10,000원
사용했습니다

제대로
영수증을
제출하도록!

4.
직무를 수행함에 있어
공사를 혼동하지 않는다

자네!
지각이
잦아!

상사

내가 너
고등학교
선배잖아!

부하

5.
전문적인 지식과 기능을 가진 인원이
역할에 따라서 배치된다

영업
담당입니다

마케팅
담당입니다

경리
담당입니다

기획
담당입니다

IDEA

관료제는 현대사회에 빼놓을 수 없는 합리성과 효율성을 겸비하고 있다. 하지만 그러한 성질이 있기 때문에 개인은 인간으로서의 존재 가치를 표출할 수 없게 된다**(인간소외)**. 또한 베버는 목표의 달성보다 규칙을 지키는 것을 중시하는 **관료주의**의 존재도 예견했다.

관료제의 문제점

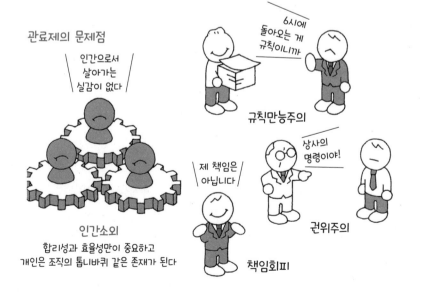

인간으로서
살아가는
실감이 없다

6시에
돌아오는 게
규칙이니까

규칙만능주의

인간소외
합리성과 효율성만이 중요하고
개인은 조직의 톱니바퀴 같은 존재가 된다

제 책임은
아닙니다

상사의
명령이야!

권위주의

책임회피

베버

지배의 3가지 유형

문 헌 《지배의 사회학》
메 모 인간의 사회적 행위(p.74)가 비합리에서 합리적으로
진화함에 따라 지배 방법도 비합리에서 합리적으로 진화한다고
베버는 생각했다

질서와
권력

일반적으로 하나의 집단(사회) 속에는 지배와 복종의 관계가 있다. 지배란 '어느 명령에 대해 일정한 범위의 사람들을 복종시키는 가능성'을 말한다. 지배를 위해서는 복종자들이 지배자에게 복종하자고 생각할 만한 근거가 필요하다. 베버는 그 근거는 **전통적 지배, 카리스마 지배, 합법적 지배**의 3가지로 분류하고(**지배의 3유형**) 어떻게 지배관계가 생기는지를 고찰했다.

사회는 행위(p.74)의
집합이다

따라서 지배의 3유형도
행위의 4유형(p.75)에 대응한다

베버

❶ 전통적 지배
예로부터의 관습, 가문, 혈통 등이
근거가 된 지배 관계

전통적 행위(p.75)에
대응

봉건적인
지배 관계

남성 사회에서의
남녀 관계

가부장제에 의한
지배 관계

노예와 주인의
지배 관계

❷ 카리스마 지배

예언자, 주술사, 영웅 등의 초인적 자질을 가진
자에게 자진해서 복종하는 지배 관계
※인물에 잠재된 비일상적 능력과 자질을
카리스마라고 한다

감동적 행위(p.75)에
대응

예언자의
지배

영웅적 존재의
지배

주술사의
지배

가치합리적 행위
목적합리적 행위
(p.75)에 대응

혁명가나 선도자의
지배

❸ 합법적 지배

법 등의 규칙이 근거가 된 지배 관계.
규칙에 따라서 복종이 이루어진다고 할 수 있다

장관   차관

부장   과장

서장   경찰

대령   중령

근대사회는 관료제(p.78)의 원리에 기초하고 있다. 관료제는 합법적 지배의 전형이다.
합법적 지배의 원리적인 유형(이념형 p.68)을 생각함으로써 규칙만능주의, 권위주의,
책임회피 등 관료제의 문제점을 파악할 수 있다고 베버는 생각한다.

모스

증여론

문 헌 《증여론》
메 모 증여와 답례의 교환이 사회의 근본 원리라고 하는 모
스의 증여론은 레비 스트로스(p.121)의 구조주의(p.159)를 비롯해
프랑스의 인문과학 전반에 큰 영향을 미쳤다

공공성과
커뮤니티

증여란 선물을 일방적으로 주기만 하는 행위는 아니다. 받은 물건에는 바람이나 애착(인격)이 깃들어 있고 받은 사람에게는 **답례**를 해야 한다는 심리적 구속력이 작용한다. 다시 말해 증여라는 행위는 경제 원리와는 상관없이 답례라는 행위를 자동으로 유발한다. 선물은 단순한 물건 이상의 무언가가 되어 사회에 영향을 미치고 있는 것이다.

\선물입니다/

\감사합니다/

증여에 수반하는 3가지 의무
선물은 단순한 물건 이상이 되어
사회에 영향을 미친다

❶ 줄 의무
선물을 하지 않으면
안 되는 일이 있다

❷ 받을 의무
거부한다면 상대를
거부한 게 된다

선물에는 영과 혼이
깃들어 있으므로
신속하게 되갚지 않으면
안 된다

큰일이다!
되갚아야
하는데

화폐경제

\답례입니다/

증여에는 ❶❷❸의
3가지 의무가 있다.
증여는 화폐경제의 원리와는
다른 기능을 한다.

모스

❸ 답례 의무

모스는 증여를 단순한 개인적 행위로 받아들이지 않았다. 그는 폴리네시아 사회의 조사를 통해 증여에 의해서 생겨나는 인간관계를 조사했다. 그리고 증여와 답례의 교환이 사회를 존속시키는 중요한 역할을 하고 있는 것을 알게 됐다.

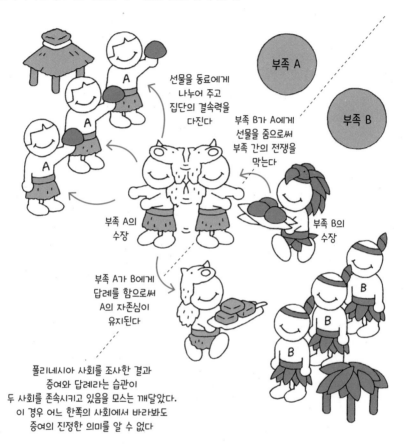

선물을 동료에게 나누어 주고 집단의 결속력을 다진다

부족 A

부족 B

부족 B가 A에게 선물을 줌으로써 부족 간의 전쟁을 막는다

부족 A의 수장

부족 B의 수장

부족 A가 B에게 답례를 함으로써 A의 자존심이 유지된다

폴리네시아 사회를 조사한 결과 증여와 답례라는 습관이 두 사회를 존속시키고 있음을 모스는 깨달았다. 이 경우 어느 한쪽의 사회에서 바라봐도 증여의 진정한 의미를 알 수 없다

최종적으로 모스는 인간 사회를 성립시키고 있는 요소는 따지고 보면 증여와 답례의 교환 이라는 행위라고 생각했다(**증여론**).

증여와 답례의 교환은 사회의 근본 원리!

모스

모스

▶024

신체 기술 Technique of the body

의 미 사회 특유의 신체적 행동 양식
문 헌 《사회학과 인류학》
메 모 이 개념은 레비 스트로스의 구조주의(p.159) 외에 부르디외(p.182)의 아비투스*(p.216)에도 영향을 미쳤다

*아비투스habitus : 사회화를 통해 무의식적으로 형성되며, 지각·사고·행위의 원리로 작용하는 심적 체계

사회이론

걷거나 먹거나 하는 일상적인 행위는 만인 공통의 것이 아니라 자신이 소속되어 있는 문화권 속에서 길러진 것이라고 모스는 말한다. 일상의 몸짓에 자신이 속한 사회의 특징이 드러난다.

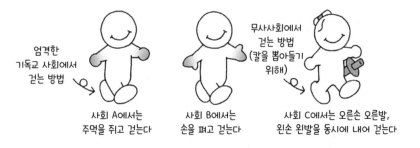

엄격한 기독교 사회에서 걷는 방법

무사사회에서 걷는 방법 (칼을 뽑아들기 위해)

사회 A에서는 주먹을 쥐고 걷는다

사회 B에서는 손을 펴고 걷는다

사회 C에서는 오른손 오른발, 왼손 왼발을 동시에 내어 걷는다

사람은 자신이 속한 사회 안에서 **신체**의 사용법을 조금씩 습득하고 자신에게 '당연한' 행위를 한다. 다시 말해 **신체 기술**은 사회라는 외부에 의해서 무의식적으로 만들어지고 있다. 이 개념은 인간의 행동은 자신이 결정하는 것이 아니라 속해 있는 사회에 결정된다고 하는 구조주의(p.159)에 큰 영향을 미쳤다.

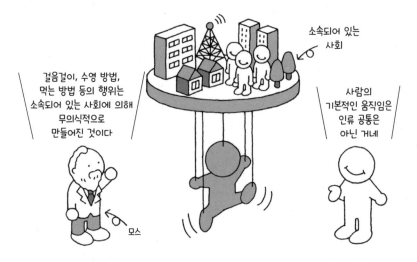

소속되어 있는 사회

걸음걸이, 수영 방법, 먹는 방법 등의 행위는 소속되어 있는 사회에 의해 무의식적으로 만들어진 것이다

사람의 기본적인 움직임은 인류 공통은 아닌 거네

모스

쿨리

▶023

거울에 비친 자아

의　미　다른 사람과의 사회적인 관계에 의해서 자아(나)가 형성된다
문　헌　《Human Nature and the Social Order》
메　모　이런 생각을 한 쿨리는 사회실재론(p.63)자다

자기와 상호행위

'나는 이런 인간이다'라는 자아는, 태어날 때부터 갖고 있는 것은 아니다. 사람은 다른 사람으로부터 어떻게 보일지를 다른 사람의 반응을 보면서 상상하고 자아(나)를 형성해 간다.

나는 이런 인간이다

자아(나)는 태어날 때는 없다

망가뜨리면 안돼!

부모　0세

예쁨 받아야 하니까 망가뜨리지 않아야지

나는 이런 인간이다　자아

사람은 자신이 다른 사람으로부터 어떻게 보일지 상상하면서 자아(나)를 형성해 간다

저렇게 되고 싶다

이렇게 되고 싶다

아~ 인정 받고 싶다

이렇게 보이고 싶다

3~6세

사회(다른 사람)라는 거울

나

자기 자신의 겉모습은 자기 자신이 직접 볼 수 없고 거울로 알 수 있다. 마찬가지로 자신의 사회적인 모습도 자신에 대한 타인의 반응이라는 거울을 통해 알 수 있다. 이것을 쿨리는 **거울에 비친 자아**라고 불렀다. 자아는 자신이 만들어가는 것이 아니라 사회(남)에 의해 만들어지는 것이다.

미드

아이(I)와 미(Me)

의　미　사회적인 자아(나)가 미이고 주체적인 자아가 아이
문　헌　《정신·자아·사회》
메　모　미드는 자아를 아이와 미의 양방에서 설명했다. 아동의
존재를 지적한 것은 훗날 의미학파(p.141)에 큰 영향을 미쳤다

자기와
상호행위

우리는 남으로부터 기대를 받으면 그것을 자신의 역할이라고 믿고 행동한다. 그렇게 함으로써 우리는 사회적인 존재가 된다. 이처럼 역할을 맡는(취득하는) 것을 어릴 적부터 놀이(게임) 규칙에서 배우고 있다고 미드는 말한다(**역할 취득**).

기대하고
맡겨준 역할을
다해야지!

\부탁해!/

부탁해!

아이는 자신의 역할을
게임 등으로 배우고 있다

나한테 맡겨!

그러나 모든 타인이 나에게 같은 행동을 기대하는 것은 아니다. 그래서 나는 여러 다른 사람과의 관계 속에서 특정 누군가의 기대가 아닌 **일반화된 다른 사람**으로부터 기대받는 역할을 상상하고 그것에 부합하는 행동을 한다(사회화 p.54).

일반화된 타인
특정 누군가를 뛰어넘은 타인을
의식함으로써 사람은 사회인이 된다

기대하고 있어

기대하고 있어

기대하고 있어

기대하고 있어

엄마

아빠

나

어릴 적에는
부모 등 특정 인물
(중요한 타인)의
기대에만
부응할 수 있다

미드는 일반화된 타인으로부터 취득하는 역할을 수행하려고 하는 사회적·객관적 자아
(나)를 **미(me : 객아)**라고 불렀다. 미는 쿨리(p.23)가 제창한 거울에 비친 자아(p.85)에
해당한다. 하지만 미드는 자아에는 미에 저항하거나 개선하고자 하는 **아이(I : 주아)**의
존재가 있다고 말한다. 아이야말로 나의 주체성이며 사회를 변화, 개선하는 힘이라고
생각했다**(아이와 미)**.

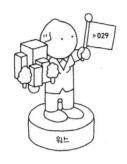

워스

도시

문 헌 《생활양식으로서의 어버니즘》
메 모 도시 생활의 실태와 도시의 기능이나 구조에서 사회를
파악하는 사회학을 도시사회학이라고 한다. 실증적 도시사회학은
워스 등의 시카고 학파 연구에서 시작됐다

공간과
도시

도시는 근대사회(자본주의 사회)의 특징이 가장 잘 드러나는 장소이다. 워스가 있었던
시카고도 그 하나이다. 그는 시카고에 사는 사람들의 생활을 실제로 관찰하거나 인터뷰
하는 등 실증적인 방법으로 도시를 연구함으로써 근대사회를 이해하려고 했다.

실제로
인터뷰
버지스

실제로
시카고 거리를 관찰
워스

실제로
시카고에 생활
블루머

나중에 베커(p.180),
고프만(p.176) 등이
합세한다

시카고는
사회적 실험실이다

실제로
시카고의
이민자와 생활
파크

버지스	워스	파크	블루머
p.26	p.29	p.23	p.119

시카고 학파

1890년대에 시카고 대학 사회학부 학부장이었던
앨비언 스몰에 의해서 형성된 도시를
주로 연구하는 사회학자 집단.
워스 등의 세대에 황금기를 맞이한다

워스는 도시를 인구가 많고 인구밀도가 높고 인구의 이질성이 높은 장소라고 정의했다. 정의를 통해 농촌과 도시의 차이가 분명해져 도시(근대사회)에서 살아가는 사람들의 생활을 분석하는 단서가 된다.

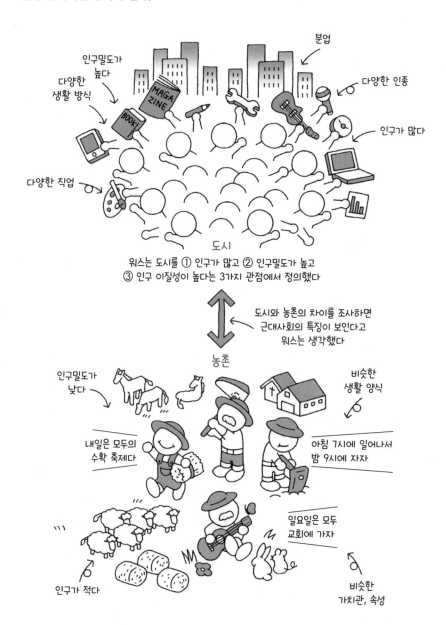

다만 현대사회는 도시와 농촌이라는 단순한 이항대립으로 생각하는 것은 무리가 있다.

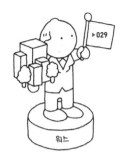

워스

▶029

어버니즘

공간과
도시

문 헌 《생활양식으로서의 어버니즘》
메 모 이 도식의 원류에는 미드의 역할 취득(p.86) 외에 퇴니에스의 게마인샤프트/게젤샤프트(p.50)와 뒤르켐의 기계적 연대/유기적 연대(p.58) 등이 있다

워스는 도시 특유의 생활 양식을 **어버니즘(도시적 생활 양식)**이라고 불렀다. 도시에서는 친밀하고 인격적인 유대 관계가 약하고 표면적인 관계(**제2차적 접촉**)가 강하다. 표면적인 관계가 우세해지면 사람들은 긴밀한 교제에서 해방되는 한편 가족적인 연대가 약해져 아노미(p.56)에 빠진다고 워스는 말한다(**사회해체론**). 이러한 점에서 그는 도시계획의 중요성을 제창했다.

어버니즘

도시에서는
표면적인 제2차적 접촉뿐

인사만 하는
인간관계

업무만 하는
인간관계

잘
부탁
드립니다

그때뿐인
인간관계

\자유다!/

농촌은 친밀한 제1차적 접촉

확실히 시골 특유의
번잡함으로부터는
자유롭지만…

고독
불안
초조

아노미에
빠지는 일이 있다

버지스

▶026

동심원 모델

문　헌　《The Growth of the City》
메　모　시카고 학파(p.88)인 파크(p.23)와 버지스 등의 연구
방법은 동식물의 생태학과 비슷하다는 이유에서 인간생태학이
라고 불린다

공간과
도시

버지스도 20세기 초반의 시카고를 조사했다. 그리고 토지의 이용 형태가 **동심원상으로** 확산되어 간다는 사실을 규명했다. 도시 중심부에는 **중심업무지대**가 있고 그곳으로부터 **천이지대*(이너시티), 노동자 주택지대, 중류계층 주택지대, 통근자 주택지대**로 동심원 상으로 5개 지대가 생겨난다고 했다.

*천이지대는 도시의 중심업무지구를 둘러싼 지대로 통상적으로 상업이나 경공업에 의하여 침범되고 있는 슬럼 지구를 말한다. 전이지대라고도 한다.

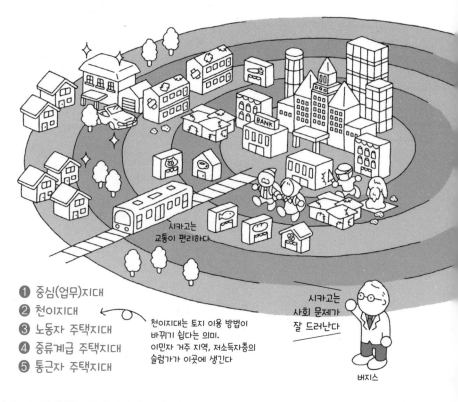

시카고는
교통이 편리하다

❶ 중심(업무)지대
❷ 천이지대
❸ 노동자 주택지대
❹ 중류계급 주택지대
❺ 통근자 주택지대

천이지대는 토지 이용 방법이
바뀌기 쉽다는 의미.
이민자 거주 지역, 저소득자층의
슬럼가가 이곳에 생긴다

시카고는
사회 문제가
잘 드러난다

버지스

버지스는 **동심원 모델**에 의해서 중심부로부터의 거리와 사람들의 계층에 상관관계가 있다고 주장했다. 동심원 모델은 시카고 특유의 기복이 없고 경관의 변화도 적은 토지를 전제로 하기 때문에 예외는 많다고들 하지만 현재도 다양한 도시 계획에 활용되고 있다.

파크

마지널 맨

의 미 　복수의 문화에 불완전하게 소속해 있는 사람들
문 헌 　《Human Migration and the Marginal Man》
메 모 　이민자와 소수민족, 개종자 등에서 마지널 맨의 전형이
잘 드러난다

공간과
도시

몇 가지 양식의 문화가 병존하는 사회 속에서 어느 문화권에도 완전하게 동화하지 못하고 복수의 문화에 불완전하게 소속해 있는 사람들을 **마지널 맨(주변인)**이라고 부른다.

마지널 맨

저소득자 문화권

고소득자 문화권

나는 어디에도
속하지 않아

히스패닉 문화권

아프리칸 아메리칸
문화권

마지널 맨은 자신에게 일관된 정체성을 찾아내기 어려운 한편 복수 문화의 협간에 놓여 있어 각각의 문화를 객관적으로 파악할 수 있으며 이들을 융합한 새로운 가치와 문화를 창출할 수 있다.

다양한 문화를
융합해서
새로운 예술을
완성시켰지

여러 문화를 객관적으로
바라볼 수 있는
마지널 맨 중에는
문화적, 경제적으로
큰 성공을 거둔 사람이 많다

메이오

인포멀 그룹 | 포멀 그룹

문 헌 《산업문명의 인간 문제》
메 모 호손 실험에서는 조명의 밝기와 실온 등 근무 환경보다
인간관계에 의한 영향이 더 큰 것을 알았다

공공성과
커뮤니티

회사와 관공서 등에서는 공식적으로 역할이나 조직도가 정해져 있다(**포멀 그룹**). 그러나 포멀 그룹의 내부에서는 공식적인 역할 분담과 별도로 사적인 관계가 자연발생적으로 생겨난다. 이 비공식적인 동료관계를 **인포멀 그룹**이라고 한다.

메이오는 작업 효율을 조사하는 실험을 시카고의 호손 공장에서 실시했다. 그리고 인포멀 그룹의 존재가 조직의 목표 달성을 위한 사기 진작을 위해 중요하다는 사실을 발견했다 (**호손 실험**).

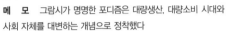

포디즘

의 미 헨리 포드(1863~1947)가 확립한 자본주의 특유의 생산 방식

메 모 그람시가 명명한 포디즘은 대량생산, 대량소비 시대와 사회 자체를 대변하는 개념으로 정착했다

문화와 소비사회

20세기 자본주의 체제에서 미국의 자동차 회사인 포드사가 대량생산을 위한 생산 방식을 도입했다. 컨베이어벨트 방식 등의 기계화, 육체노동의 단순화와 성과급 같은 특성으로 대표되는 **포디즘(포드주의)**은 **고도 경제성장**에 불가결한 생산 방식으로 자리 잡았다.

1970년대를 기점으로 포디즘 시대는 끝나고 다품종·소량생산의 **포스트포디즘** 시대로 이행한다.

옥중수고

그람시

헤게모니

의 미 강제(폭력)와 합의(동의)의 양면에서 패권을 잡는 근대
(자본주의) 국가의 통치에 그람시는 헤게모니라는 단어를 이용
했다
문 헌 《옥중수고》

질서와
권력

국가와 정치 운동의 패권, 지도권을 잡는 것을 그람시는 **헤게모니**라고 부른다. 근대(자
본주의) 이전의 통치는 폭력에 기초한 지배였다. 반면 근대국가의 통치는 폭력에 기초
하는 강제와 동시에 미디어와 학교 교육 등으로 사람들을 지적, 문화적으로 지도하면서
사람들로부터 **합의**(동의)를 얻어냄으로써 교묘하게 패권을 잡는다.

095

맥키버

▶025

커뮤니티 | 어소시에이션

메 모 집단을 분류하는 방법에는 이외에도 소속집단/준거집단(p.134), 포멀 그룹/인포멀 그룹(p.93), 내집단/외집단(p.48) 등이 있다

공공성과
커뮤니티

보통 회사와 학교 등이 어소시에이션에
해당하지만 어떤 목적을 위해
모여 있다고 받아들이면
가족이나 인근 집단도 어소시에이션

우리는 같은 장소에서
생활하고 있기 때문에
이 집단은 커뮤니티네

우리는 섬의 야자나무를
지키기 위해 모였으니
이 집단은 어소시에이션

사회학에는 집단을 분류하는 방법으로 **커뮤니티**와 **어소시에이션**이라는 대립 개념이 있다. 맥키버에 따르면 커뮤니티란 '같은 장소와 지역에서 함께 생활하고 있다'는 의식을 공유하고 있는 자연발생적 집단을 가리킨다. 한편 어소시에이션이란 같은 관심이나 목적을 위해 인위적으로 형성되는 집단을 가리킨다.

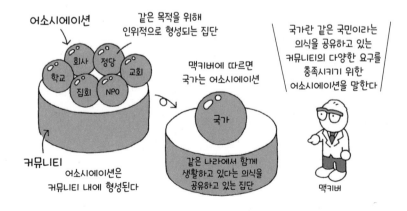

어소시에이션

같은 목적을 위해
인위적으로 형성되는 집단

학교 회사 정당 교회
집회 NPO

맥키버에 따르면
국가는 어소시에이션

국가

국가란 같은 국민이라는
의식을 공유하고 있는
커뮤니티의 다양한 요구를
충족시키기 위한
어소시에이션을 말한다

커뮤니티

어소시에이션은
커뮤니티 내에 형성된다

같은 나라에서 함께
생활하고 있다는 의식을
공유하고 있는 집단

맥키버

이외에도 집단에는 퇴니에스(p.20)의 게마인샤프트와 게젤샤프트(p.50) 등 비슷한 대립 개념이 있으므로 맥키버의 분류법과 비교해서 살펴본다.

전근대적 · 자연발생적
▼

근대적 · 인위적 · 기능적
▼

게마인샤프트(p.50)
태어날 때의 감정인
본질 의사로 연결되어 있는 집단

게젤샤프트(p.50)
목적을 위해 이성적인
선택의지로 연결되어 있는 집단

퇴니에스
(p.20)

태어날 때부터
항상 함께

가족 · 민족 · 교회 등

기업 · 대도시 · 국가 등

제1차 집단
대면적인 접촉을 하는 집단.
유년기에 이 집단을 통해
애정과 자존심이 생겨난다

제2차 집단
간접적인 접촉을 하는 집단.
목적을 위해
조직되는 대규모 집단

쿨리
(p.23)

맡길게

맡겨줘

가족 · 놀이 친구 · 인근 집단 등

기업 · 정당 · 국가 등

커뮤니티
같은 장소와 지역에서 생활하고
비슷한 습관과 의식을 가진 집단

어소시에이션
같은 관심과 목적을 위해
조직되는 집단

맥키버
(p.25)

같은 지역에서
살고 있다

같은 목적으로
모였다

지역사회 · 도시사회 · 국민사회 등

학교 · 회사 · 교회 · 국가 등

오르테가

대중의 반역

문　헌　《대중의 반역》
메　모　엘리트주의는 유럽에서는 맥맥이 이어져오고 있다.
엘리트주의의 대의어는 포퓰리즘(대중주의)

질서와
권력

인간은 **엘리트**(소수자)와 **대중**으로 나뉜다는 것이 오르테가의 생각이다. 제1차 대전 후 유럽에서 대중이 영향력을 갖기 시작한 것에 오르테가는 위기감을 느꼈다.

엘리트란 사회를 좋게 하고자 전문적인 지식과 기술을 쌓는 노력을 게을리 하지 않고 자신에게 많은 업무와 책임을 부여하는 사람들을 가리킨다. 한편 대중은 사회에도 자신에게도 책임을 지지 않고 자신이 다른 사람들과 같다는 것에 고통을 느끼지 않고 오히려 기쁨을 느끼는 사람들을 가리킨다. 그리고 범용의 의견과 가치관을 '일반적인 생각'이라고 강제로 타인에게 강요한다.

대중은 엘리트가 구축한 기술과 지식을 당연하게 여기고 노력도 하지 않고 그것을 이용하는 권리만을 주장한다. 오르테가가 문제로 지적한 것은 대중이 본래 엘리트가 담당해야 할 역할을 빼앗는다는 것이다. 오르테가는 이것을 **대중의 반역**이라는 말로 표현했다.

세상은 엘리트의 노력 위에 성립되었는데도
원래 엘리트가 있어야 할 장소를 대중이 자신들의 이익을 위해
침식해간다고 오르테가는 생각했다

여기서 말하는 대중이란 실제의 직업과 계급이 아니라 본인의 '마음가짐'에 따라 결정된다. 따라서 과학자와 같은 전문가도 대중이 될 수 있다.

과학자와 같은 전문가라도 자신이 알지 못하는 분야에 대해
그럴싸한 코멘트를 하는 '문화인'은
대중 중에서도 몹쓸 부류라고 오르테가는 생각했다

호르크하이머

비판이론

의 미 분석적인 기능보다 비판적인 기능을 중시하는 프랑크
푸르트 학파의 이론
문 헌 《계몽의 변증법》(호르크하이머/아도르노)
메 모 비판이론은 마르크스주의의 기초 개념이다

사회이론

근대사회는 왜 나치즘을 낳았나? 이 문제의 해명을 평생의 테마로 삼은 것이 호르크하이머, 프롬, 벤야민, 아도르노 등 **프랑크푸르트 학파**의 사상가들이다.

왜 전체주의가
생긴 걸까?

| 호르크하이머 | 프롬 | 벤야민 | 아도르노 | 하버마스 |
| p.28 | p.29 | p.27 | p.12 | p.181 |

프랑크푸르트 학파
1923년에 설립된 유대인 중심의 사회연구소 멤버.
전체주의와 나치즘 연구에 생애를 바쳤다

프랑크푸르트 학파의 멤버인 호르크하이머와 아도르노는 파시즘의 탄생과 유대인의 학살은 근대 이후 이어져온 이성만능주의에 원인이 있다고 생각했다.

인간의
이성이란
무엇인가?

그들은 근대 이후 유럽의 이성은 '무언가를 이루어내기 위한 도구'로 발전해왔음을 지적했다. 어떤 목적을 달성하기 위한 이성은 현실을 부분적으로 분석할 뿐 큰 시점을 갖고 있지 않다.

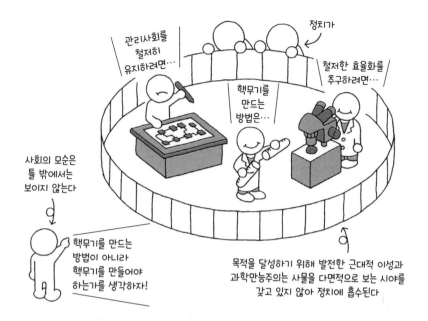

목적 달성을 위해서만 발전해온 유럽의 이성은 이익 추구로 결부되어 파시즘의 정치 정책과 전쟁 무기 개발의 도구로 전락했다며 **도구적 이성**이라고 표현했다.

이처럼 프랑크푸르트 학파의 생각은 분석적인 측면보다 사회 비판적인 측면이 강하므로 비판이론이라 불린다. **비판이론**은 현재도 철학, 사회학, 경제학 등의 분야에 큰 영향을 미치고 있다.

프롬

▶029

권위주의적 퍼스널리티

문 헌 《자유로부터의 도피》
메 모 프롬의 《자유로부터의 도피》가 간행된 것은 독일이
나치 정권하에 있던 1941년의 일

질서와
권력

근대(자본주의 사회)에 들어 사람들은 전통적인 틀에서 해방되어 자유를 획득했다. 하지만 그 결과 사람은 다양한 유대관계에서 분리되어 자신의 삶을 스스로 결정해야 했다. 이로 인한 불안과 고독에 견디지 못하면 사람은 자신을 속박하는 권위를 자진해서 받아들인다. 프롬은 이것을 **권위주의적 퍼스널리티**라고 불렀다.

프롬은 **나치즘 시대**의 독일에서 권위주의적 퍼스널리티라는 **사회적 성격**을 찾아냈다. 독일 국민의 나치즘에 대한 편중은 사람들이 자유였기 때문에 생겨난 현상이라고 그는 생각한 것이다.

아우라

벤야민

문　헌　《기술복제시대의 예술작품》
메　모　벤야민은 복제화로 예술의 아우라가 붕괴하는 것에
대해 예술의 평등화라는 관점에서 긍정적으로 받아들였다

문화와
소비사회

예술 작품을 사진으로 찍거나 인쇄하는 복제품은 아무리 정교하게 만들어져도 유일무이한 진짜는 아니다. 지금, 여기에만 있는 진품에 깃들어 있는 눈에 보이지 않는 힘을 벤야민은 아우라(오라)라고 불렀다.

최근 예술 작품은 점점 기술적으로 복제되기 쉬워지고 있다. 하지만 실물의 유일성과 역사성은 복제품에는 결여되어 있다.

영화나 사진 등 복제 예술의 등장은 예술의 개념을 숭고하고 귀중한 것에서 친근하고 부담없는 것으로 바꾸었다. 벤야민은 복제 기술의 진보에 의한 **아우라의 조락(凋落)**을 한탄한다. 한편으로 아무리 권력이 예술, 표현, 정보 등을 관리, 규제한다고 해도 복제 기술의 진보는 예술이나 표현을 권력에서 해방한다고 벤야민은 생각했다.

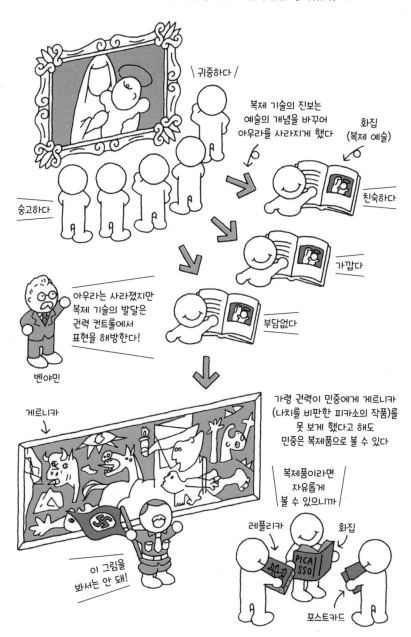

벤야민

문화와
소비사회

파사주론

문 헌 《파사주론》
메 모 벤야민은 미래와 진보를 상징하는 파리의 눈부시게
아름다운 아케이드 안에 태고의 유토피아로 회귀하는 바람을 투
영시켰다

독일 태생의 유대인이었던 벤야민은 나치를 피해 파리로 갔다. 그곳에서 그는 파사주
안의 보행자가 되어 **《파사주론》**이라는 단편집을 집필하기 시작한다. 파사주란 19세기
파리에 등장한 유리 지붕의 상점가를 말한다. 유리 너머의 옅은 빛 속에는 다양한 낡은
가재도구가 진열되어 있다.

파사주의 보행자가 된 벤야민은
유리 너머의 옅은 빛에 싸인 19세기의 낡은 가재도구에서
사람들의 자본주의에 대한 생각을 고찰했다

벤야민은 19세기의 사람들이 이들 제품에서 본 꿈을 추상한다. 이를 통해 당시 사람들의
자본주의에 대한 생각을 알고자 한 것이다. 사물과 거리에서 사람들의 의식을 파악하고자
한 이러한 수법은 훗날 대중문화연구(컬처 스터디)에도 큰 영향을 미쳤다.

'파사주는 바깥이 없는 집이나 복도와 같다. 꿈처럼'이라고 그는 표현했다. 하지만 실제로 파사주 바깥에는 나치의 발소리가 좁혀져 왔다. 그는 파사주의 희미한 빛에 둘러싸인, 나치가 없던 19세기의 기억 속으로 도망쳤던 것일지도 모른다.

파리에도
나치의 발소리가 다가왔다

1940년 나치가 파리를 침략한다. 벤야민은 미완성 《파사주론》의 원고를 당시 파리국립 도서관에 근무하던 친구 철학자 조르주 바타유(1897~1962)에게 위탁하고 파리를 탈출 한다. 피레네산맥을 넘으려다가 국경 인근에서 붙잡혀 독약을 마시고 자살했다.

1940년
파리국립도서관에서

adieu

파리를 떠나는
벤야민

파리국립도서관에
근무하던 바타유.
당시 43세

전쟁이 끝날 때까지
이 원고는
반드시 지킬게.
잘 가게…

벤야민은 미완성 파사주론을
바타유에게 맡기고 망명을 시도하지만
피레네산맥 국경 인근에서 단념한다.
이때 갖고 있던 가방 안에 파사주론의
마지막 원고가 있었다고 하지만
확실하지 않다.
향년 48세

알박스

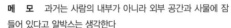

집단기억

의 미 개인적 기억이 아닌 집단이 가진 틀에 의해서 생겨나는 기억

메 모 과거는 사람의 내부가 아니라 외부 공간과 사물에 잠 들어 있다고 알박스는 생각한다

공공성과 커뮤니티

집단기억

거품경제를 다룬 다큐멘터리를 만드는 사람

다큐멘터리를 보는 사람

거품경제에 관한 기사를 쓰는 사람

거품경제에 대한 이야기를 나누는 사람

거품경제에 관한 기사를 읽는 사람

예를 들면 거품경제를 사회학적으로 고찰하는 경우 **집단기억**이 도움 된다. 사람은 타인과 얘기를 하거나 사진, TV를 보는 사회적인 환경에 접함으로써 거품경제에 관한 기억을 상기한다. 거품경제의 기억은 한 사람의 머리뿐 아니라 거품경제를 경험한 사람들이 갖는 틀에 의해서 구성되고 있다고 생각할 수 있다. 개인적 기억이 아닌 집단의 한 사람으로서 갖는 기억이 집단기억이다.

알박스는 교과서와 역사서에 기재되어 있는 사실로서의 역사가 아니라 집단기억으로서의 역사에서 사회를 고찰했다

1985년 플라자 합의*
1989년 주가 최고가
1991년 거품경제 붕괴
:

집단 기억

*플라자 합의 Plaza Accord : 1985년 뉴욕 플라자 호텔에서 개최된 선진 5개국 재무장관·중앙은행 총재 회의에서 합의된 사항

그렇다고는 해도 개인이 어느 사건이나 장소를 떠올릴 때 추억은 한 집단의 틀에서만 솟아나는 것이 아니다. 직장 동료, 친구, 가족 등 개인이 속해 있는 다양한 집단의 기억이 합쳐져서 머릿속에 기억이 생긴다. 이러한 기억의 총체는 사람마다 다를 것이다. 알박스는 이것을 **개인적 기억**이라고 했다.

집단기억은 끊임없이 새로 그려진다. 다시 말해 과거는 현재로부터 상기되고 항상 재구축된다.

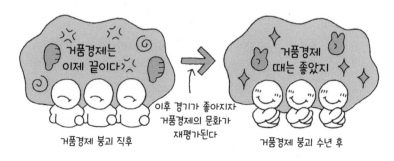

거품경제 자체는 변화하지 않았는데 거품경제는 재구축된다

만하임

지식사회학

▶028

의 미 지식과 사회의 관계를 연구하는 학문
문 헌 《이데올로기와 유토피아》
메 모 지식사회학은 마르크스의 이데올로기론(p.45)에 베버
의 가치자유(p.66) 개념 등을 반영했다

사회이론

일찍이 마르크스는 개인의 지식과 사상(세계관)은 모두 속해 있는 사회 구조에 규정된
이데올로기(p.45)라고 주장했다.

자유가
최고!

평등이
최고!

노동은
인간성을
잃는다

성실한
노동은
소중하다

자본주의 국가의
이데올로기

사회주의 국가의
이데올로기

귀족사회의
이데올로기

샐러리맨 사회의
이데올로기

그렇다고 하면 이 세계에 진리는 존재할 수 없다. 혹은 지식이나 사상은 모두 상대적으로
진리이며 지식의 수만큼 진리가 있다. 만하임은 이러한 상대주의의 딜레마를 극복하기
위해 **상관주의**를 제창했다. 상관주의란 계급과 입장에 사로잡히지 않은 주장을 집결시
키고 공통의 진리를 도출하려는 입장을 말한다.

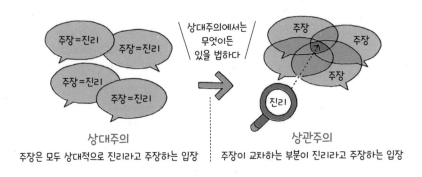

상대주의에서는
무엇이든
있을 법하다

주장=진리 주장=진리
주장=진리 주장=진리

주장 주장 주장
진리

상대주의
주장은 모두 상대적으로 진리라고 주장하는 입장

상관주의
주장이 교차하는 부분이 진리라고 주장하는 입장

만하임은 우선 자신들의 주장은 이데올로기이며 그것은 **구속받은 지식**이라는 점을 인정할 필요가 있다고 말한다. 그러한 자각이 있는 지식과 사상에서 진리를 도출할 수 있다고 생각했기 때문이다. 이데올로기를 제대로 자각할 수 있도록 그는 이데올로기를 아래와 같이 정리했다.

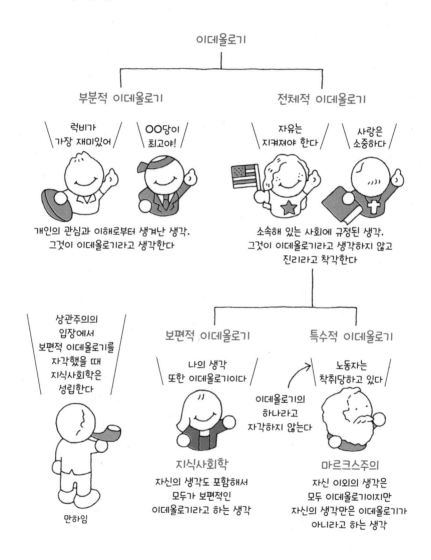

인간의 지식과 사상은 속해 있는 사회에 크게 영향을 받는다. 만하임은 지식 자체가 아니라 지식과 사회의 관계를 밝히려고 하는 학문을 **지식사회학**이라고 불렀다. 지식사회학을 성립시키기 위해서는 상관주의 입장에 서서 보편적 이데올로기를 자각하는 **지식인**(intelligentsiya, 인텔리겐치아)이라는 점을 유념해야 한다고 그는 말한다.

만하임

▶028

연자부 사회학
（連字符 社会学）

의 미 사회 일반의 원리를 취급하는 이론사회학, (사회시스템론 등)에 대해 특정 영역을 취급하는 사회학
메 모 연자부란 하이픈(-)의 의미. 과학-사회학, 가족-사회학 등 영역-사회학의 형태를 취한다

사회이론

인간의 지식과 사상은 속해 있는 시대와 사회에 크게 영향을 받는다(지식사회학 p.111). 예를 들면 근대 이전의 사회에서는 사람들이 천동설을 사실로 받아들였지만 근대 들어 지동설에 무게가 실렸다. 그 사이에 우주 자체가 변한 것은 아니다. 이처럼 과학적인 지식조차 사실과는 무관하게 존재한다.

우리들의
지식의 주류는
○○설이다

미래사회는 ○○설

패러다임

우리들의
지식의 주류는
지동설이다

패러다임
시프트

근대사회는 지동설

패러다임

우리들의
지식의 주류는
천동설이다

패러다임
시프트

옛날 사회는 천동설

패러다임

패러다임 시프트
한 시대와 사회의 지식 체계를
패러다임이라고 한다.
근대에 걸쳐 천동설에서 지동설로
패러다임이 전환됐지만
우주 자체가 변한 것은 아니다.
다시 말해 과학과 사실은
무관하게 존재하고 있다?

또한 '여성에게는 모성 본능이 있다', 'OO민족은 우수한 유전자를 갖고 있다' 등 사회가
이용하거나 날조한 과학도 존재했다.

사회는 과학을 이용하거나 날조한다

과학과 사회의 이러한 관계를 고찰하는 학문을 **과학-사회학** 또는 **과학지식의 사회학**이
라고 한다. 마찬가지로 의료와 사회의 관계를 고찰하는 의료-사회학, 종교와 사회의 관
계를 고찰하는 종교-사회학 등 특정 영역의 수만큼 사회학은 존재할 수 있다. 만하임은
특정 영역을 취급하는 사회학을 **연자부사회학**이라고 명명했다.

과학-사회학
과학과 사회의 관계를 고찰
예를 들면, 사회에 이용되거나 날조된 과학을 고찰

의료-사회학
의료와 사회의 관계를 고찰
예를 들면, 질병의 개념의 역사적, 사회적 변화 등을 고찰

종교-사회학
종교와 사회의 관계를 고찰

문화-사회학
문화와 사회의 관계를 고찰

경제-사회학
경제와 사회의 관계를 고찰

다양한 연자부사회학
연자부란 하이픈(-)의 의미이다.
도시-사회학, 정보-사회학, 역사-사회학,
교육-사회학, 스포츠-사회학, 정치-사회학,
가족-사회학, 법-사회학, 범죄-사회학 등
영역-사회학의 형태를 취한다

근대에서 현대로

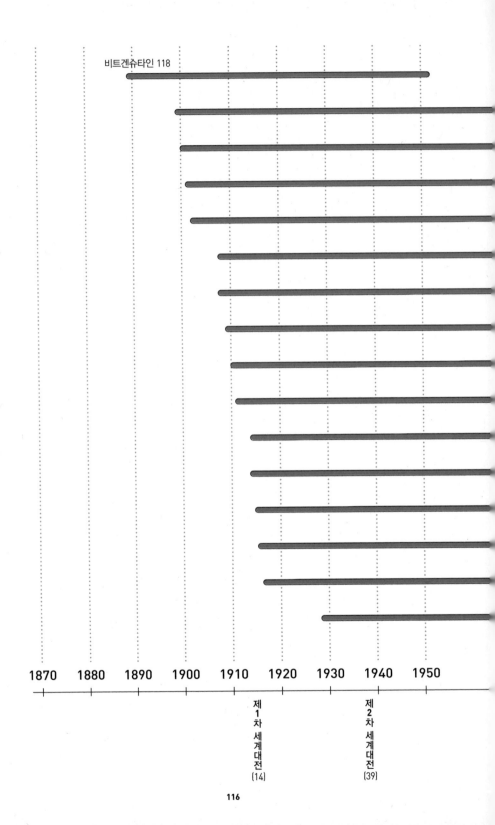

비트겐슈타인 118

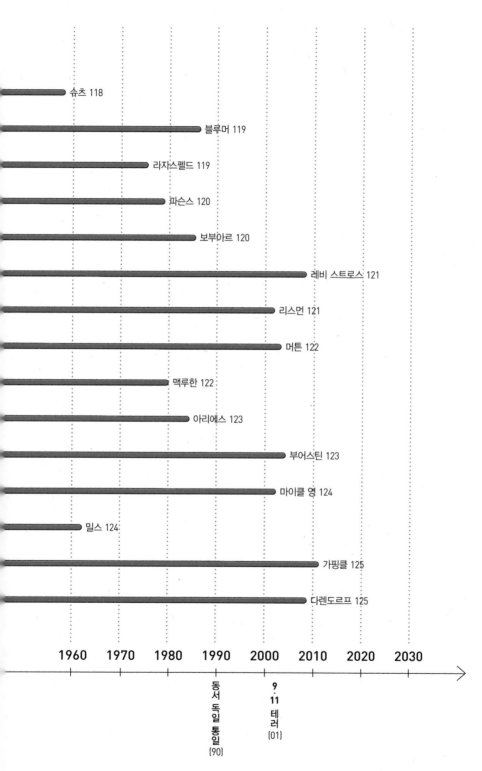

슈츠 118

블루머 119

라자스펠드 119

파슨스 120

보부아르 120

레비 스트로스 121

리스먼 121

머튼 122

맥루한 122

아리에스 123

부어스틴 123

마이클 영 124

밀스 124

가핑클 125

다렌도르프 125

1960 1970 1980 1990 2000 2010 2020 2030

동서 독일 통일 (90)

9·11 테러 (01)

117

《논리철학논고》 《철학적 탐구》

후기 비트겐슈타인은 과거의 언어관을 스스로 비판하고 언어 활동을 게임으로 받아들였다.

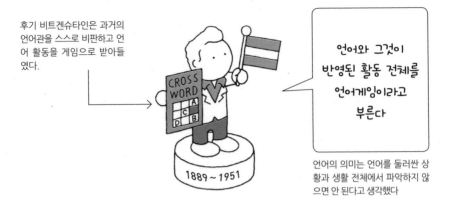

언어와 그것이 반영된 활동 전체를 언어게임이라고 부른다

언어의 의미는 언어를 둘러싼 상황과 생활 전체에서 파악하지 않으면 안 된다고 생각했다

1889 ~ 1951

루트비히 비트겐슈타인

Ludwig Wittgenstein

▶ P.152

오스트리아 태생의 철학자로 철강업에 종사하는 부유한 유대계 가정에서 자란다. 대학에서는 기계공학과 수학을 배운다. 제1차 세계대전에 지원병으로 참가하고 종군 틈틈이 주요 저서 《논리철학논고》를 집필한다. 대전 후 초등학교 교사를 거쳐 49세에 캠브리지 대학 교수가 되지만 철학에 전념하기 위해 58세에 관둔다. 《논리철학논고》를 뛰어넘는 후기의 주요 저서 《철학적 탐구》는 사후에 간행됐다.

《사회적 세계의 의미 구성》

모국에서도 사망지에서도 연구자와 은행 관련 일을 병행하며 생애의 대부분을 겸업을 하며 지냈다

다원적 현실

일상 세계 이외에도 다른 해석과 상식을 가진 현실이 있고 사람은 다원적 현실을 경험하면서 살아간다고 생각했다

1899 ~ 1959

알프레드 슈츠

Alfred Schütz

▶ P.144

오스트리아 태생의 철학자. 제1차 세계대전에 참전한 후 빈 대학에 입학한다. 졸업 후에는 은행원으로 일하면서 연구를 이어가고, 막스 베버의 이해사회학과 에드문트 후설(Edmund Husserl)의 영향을 받아 현상학적 사회학을 구상한다. 나치가 오스트리아를 침공하자 유대인이었던 슈츠는 파리로 탈출했다가 훗날 미국으로 망명해 뉴욕에서 살았다.

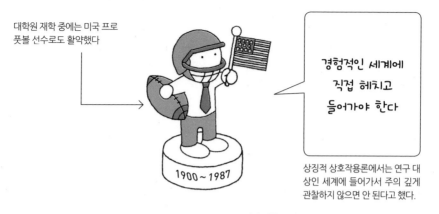

대학원 재학 중에는 미국 프로
풋볼 선수로도 활약했다

경험적인 세계에
직접 헤치고
들어가야 한다

상징적 상호작용론에서는 연구 대
상인 세계에 들어가서 주의 깊게
관찰하지 않으면 안 된다고 했다.

허버트 조지 블루어

Herbert George Blumer

▶ P.141~142

미국의 사회학자이자 사회심리학자로 세인트루이스 태생이다. 조지 허버트 미드의 연구를 통해
상징적 상호작용론을 구상, 후세의 연구자에게 큰 영향을 미쳤다. 시카고 대학에서 박사 학위를
취득한 후 동 대학에서 27년간 교편을 잡았으며 시카고 학파의 한 사람으로도 꼽힌다. 집단행
동론과 산업사회론 연구자로도 알려져 있다.

사람들의 관심과 의사 결정에
영향을 미치는 존재인 오피니
언 리더에 주목했다

오피니언 리더는
또 하나의 미디어

오피니언 리더는 신문이나 라디
오와 마찬가지로 커뮤니케이션
에 있어 중요하다고 생각했다

폴 라자스펠드

Paul Felix Lazarsfeld

▶ P.148

호주 태생의 사회학자로 유대계 양친과 빈에서 자라다. 빈 대학에서 수학을 가르치는 한편 사회
심리학연구센터를 이끌었다. 나치를 피해 오스트리아를 탈출해 미국으로 망명한 후 콜롬비아
대학에서 응용사회조사연구소 소장을 맡는다. 라디오 연구에서 주도적 역할을 하고 그 과정에서
알게 된 R.K.머튼과는 30년 이상 친분을 맺었다.

의사라는 직업에 대한 관심에서 특히 정신의료에 무게를 두고 자신도 정신분석 자격을 땄다

사회 질서는 어떻게 유지되는가?

안정적인 사회를 위해서는 사람들이 공통의 가치와 이념을 내면화할 필요가 있다고 생각했다.

탈코트 파슨스

Talcott Parsons ▶ P.126~128, 140

미국의 사회학자로 콜로라도주에서 태어났다. 사회 질서는 어떻게 유지되는가를 지속적으로 제기하고 AGIL 도식을 제기하는 등 기능주의를 대표하는 사회학자로 활약하며 1950년대에는 세계적으로 영향력이 큰 이론가로 이름을 떨친다. 1927년 하버드 대학 강사가 된 이래 1973년까지 이 대학에서 근무한다. 1979년 강연을 위해 독일에 머물다가 뮌헨에서 사망한다.

여성다움이 사회적으로 만들어지는 것이라는 지적은 이후 '젠더' 개념으로 이어진다

사람은 여자로 태어나는 것이 아니다. 여자가 되는 것이다

여성이라는 것은 태어나면서 얻는 것이 아니라 사회적으로 구축되는 것이라고 주장했다

시몬 드 보부아르

Simone de Beauvoir ▶ P.170~171

프랑스의 작가이자 철학자. 소르본 대학 졸업 후 고등학교에서 철학 강사로 일한 후 소설《초대받은 여자》로 작가 활동에 입문한다. 1970년대에는 여성해방운동 그룹 MLF에 참가했으며 주요 저서《제2의 성》은 페미니즘의 바이블로 평가받는다. 공사에 걸쳐 생애의 파트너인 장 폴 사르트르와 함께 정치적 활동에도 힘을 쏟았다.

레비 스트로스는 토템(집단이 숭배하는 동식물이나 자연현상)을 종교로서가 아니라 기호로서 해독했다

세상은 인간 없이 시작했고 인간 없이 끝날 것이다

인간중심주의에 기초한 근대의 서양 가치관에 의혹을 가졌다

클로드 레비 스트로스

Claude Lévi Strauss

▶ P.156~158

프랑스의 인류학자. 벨기에 브뤼셀 태생으로 20대에 프랑스와 브라질에서 교사를 경험하고 제2차 세계대전에는 미국으로 망명한다. 미국에서 민족지 자료를 접하고 또한 로만 야콥슨을 만나 자신의 구조인류학을 형성한다. 인류학자로서의 틀을 넘어 근대 서구 사상에 강한 충격을 가져다준 구조주의 인류학의 창시자이다.

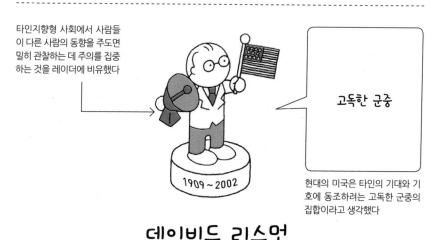

타인지향형 사회에서 사람들이 다른 사람의 동향을 주도면밀히 관찰하는 데 주의를 집중하는 것을 레이더에 비유했다

고독한 군중

현대의 미국은 타인의 기대와 기호에 동조하려는 고독한 군중의 집합이라고 생각했다

데이비드 리스먼

David Riesman

▶ P.150

미국의 사회학자로 아버지는 펜실베이니아 대학 의학부 교수였다. 하버드 대학 법과대학원을 나온 후 미합중국 최고재판소에서 일하면서 버펄로 대학의 교원으로도 재직한다. 1949년 시카고 대학 사회학부 교수가 되고 《고독한 군중》 등 대표적 저작을 발표한다. 훗날 하버드 대학으로 옮기고 나서는 교육사회학 분야에서 업적을 쌓았다.

10대에는 아마추어 마술사로 활동한다. 로버트 머튼은 그때의 예명이다

예언은 현실이 된다

예언을 통해 예언된 사태가 현실이 돼 버리는 현상을 예언의 자기 성취라고 불렀다

로버트 킹 머튼

Robert King Merton

▶P.132~138

미국의 사회학자로 본명은 M. R. 쉬콜닉. 유대계 이민자의 자식으로 필라델피아에서 태어난다. 하버드 대학 대학원에서 탈코트 파슨스의 지도를 받고 파슨스의 기능주의를 비판적으로 이어가는 대표적인 연구자가 된다. P. F. 라자스펠드와 함께 콜롬비아 대학의 응용사회조사연구소를 주도했다.

TV가 대중화된 시대에 미디어 연구의 새로운 어프로치를 제시했다

미디어는 메시지다

미디어를 사용하는 것 자체가 갖는 메시지성(性)을 지적했다

마샬 맥루한

Herbert Marshall McLuhan

▶P.164~166

캐나다의 문명 비평가. 케임브리지 대학 유학 중 아이버 리처즈의 문화 비평에 크게 영향을 받는다. 토론토 대학에서 영문학을 가르치면서 새로운 시대의 정보 기술이 초래하는 미디어 변용에 대한 비평을 전개했다. 1960년 주요 저서 《구텐베르크 은하계》, 《미디어론》으로 맥루한 선풍을 일으키고 미디어론이라는 연구 영역을 확립하는 데 공헌했다.

근대의 가족과 학교가 오늘과 같은 〈아동〉관을 낳았다고 제시했다

중세에 아동은 존재하지 않는다

아동이 근대에 찾아낸 표현이라고 주장했다

1914~1984

필립 아리에스

Philippe Ariès　　　　▶ P.168

프랑스의 역사가. 파리 대학에서 역사학을 배우고 왕당파의 정치단체인 악시옹프랑세즈*의 기관지에 논설을 싣는 등의 활동을 하지만 대학의 교직에는 오르지 못하고 열대과일연구소에서 일하면서 일요역사가로 연구를 이어갔다. 아날(Annales) 학파의 일원이었던 그가 사회과학고등연구소의 연구 주임으로 대학에서 자리를 얻은 것은 65세였다.

*악시옹프랑세즈Actionfrancaise : 1898년 프랑스의 Henri Vaugeois와 Maurice Pujo가 시작한 종교적 정치 운동

유사 이벤트의 전달자인 매스미디어와 그 수용자의 성질을 비평했다

우리는 환영을 현실이라고 믿어버린다

우리가 유사 이벤트를 원하기 때문에 환영이 진짜 현실을 능가해버린다고 지적했다

1914~2004

대니얼 J. 부어스틴

Daniel Joseph Boorstin　　　　▶ P.162

미국의 역사가로 조지아주 애틀랜타 태생이다. 하버드 대학, 옥스퍼드 대학, 예일 대학에서 공부하고 법제 연구가로 박사 학위를 취득한다. 시카고 대학에서 역사학을 가르치고 또한 스미소니언박물관과 미국연방의회도서관에서도 요직을 맡았다. 1960년대의 TV 보급과 대중소비사회를 인식한 선구적인 미디어론자, 소비문화론자로 평가받는다.

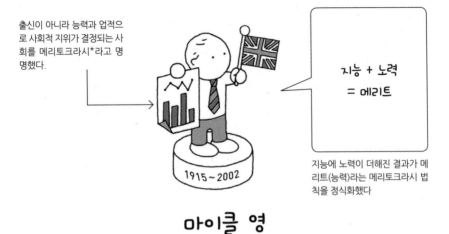

출신이 아니라 능력과 업적으로 사회적 지위가 결정되는 사회를 메리토크라시*라고 명명했다.

지능 + 노력 = 메리트

지능에 노력이 더해진 결과가 메리트(능력)라는 메리토크라시 법칙을 정식화했다

마이클 영

Michael Young

▶P.160

영국의 사회학자. 잉글랜드 맨체스터에서 태어나고 아버지의 출신지인 호주에서 유소년기를 보낸다. 제2차 세계대전 중 영국 노동당의 연구자로 활동하고 1945년의 매니페스토 초고에도 관여했다. 2030년대를 무대로 한 가공의 이야기 《메리토크라시》를 1958년에 저술하고 능력주의가 관철되는 사회를 걱정했다.

*메리토크라시meritocracy : 출신이나 가문 등이 아닌 능력이나 실적, 즉 메리트(merit)에 따라서 지위나 보수가 결정되는 사회 체제

20세기 미국 사회의 핵심이 된 화이트칼라 사람들을 분석했다

미국의 정정에는 파워 엘리트가 존재한다

미국은 경제·군사·정치 지배층에 의해 권력을 점령당하고 있다고 지적했다

찰스 밀스

Charles Wright Mills

▶P.154

미국의 사회학자. 외할아버지는 텍사스 카우보이, 아버지는 보험 영업사원으로 미국의 세대교체를 대변하는 가정에서 자랐는데, 이는 그의 저술 활동에도 드러난다. 위스콘신 대학에서 사회학을 배우고 독일에서 망명한 한스 H. 거스로부터 큰 영향을 받는다. 메릴랜드 대학, 콜롬비아 대학에서 교편을 잡지만 1962년 45세의 나이로 사망한다.

시카고 대학에서 진행한 배심원 연구는 에스노메소돌로지*라는 학파의 유래가 됐다

보이지만 알아차리지 못하고 있다

일상생활 속의 알고는 있지만 특별히 의식하지 않는 지식과 룰에 주목하고, 이런 말로 표현했다.

1917 ~ 2011

해럴드 가핑클

Harold Garfinkel

▶ P.146

미국의 사회학자로 뉴저지주 뉴욕 출생. 하버드 대학 대학원에서 탈코트 파슨스로부터 지도를 받으면서 알프레드 슈츠 등에 큰 영향을 받아 사회 질서 문제를 생각하고 에스노메소돌로지를 제창한다. 긴 세월에 걸쳐 UCLA를 거점으로 연구를 이어가며 후진 양성에 매진한다.

*에스노메소돌로지ethnomethodology : (사회학의) 민족적 방법론(현대사회학의 한 조류를 이룸)

대립과 갈등이 질서 형성을 촉구해서 사회를 구축한다는 갈등이론*을 제기했다

불화가 끊이지 않는 것이 원천

권력의 존재는 항상 이해대립을 만들어내고 투쟁을 일으킨다고 생각하고 그것을 새로운 질서가 형성되는 계기라고 인식했다

1929 ~ 2009

랄프 다렌도르프

Ralph Gustav Dahrendorf

▶ P.130

독일 태생의 사회학자로 함부르크 대학에서 철학, 사회학을 배우고 동 대학 교수가 된다. 이후 콘스탄츠 대학, 튀빙겐 대학 교수를 거쳐 거점을 영국으로 옮기고 런던 스쿨 오브 이코노믹스 학장 등을 역임한다. 정치가로도 활동하며 1967년에 서독일 연방의회 의원으로 선출, 훗날 영국에서는 남작 작위를 수여받고 귀족원의원이 됐다.

*갈등이론conflict theory : 사회는 서로 다른 이해관계를 추구하는 개인과 집단으로 구성되어 있으며, 이들이 대립과 경쟁, 갈등과 변화의 관계에 있다고 주장하는 이론

파슨스

AGIL 도식

의 미 사회 유지에 필요한 조건을 정리한 파슨스의 도식
문 헌 《경제와 사회》(파슨스/스멜서)
메 모 인간의 모든 행위는 A, G, I, L 중 어느 하나에 해당한다

사회이론

국가와 같은 큰 사회에서 가족과 같은 작은 사회까지 어떤 사회라도 사회라는 시스템이 지속되기 위해서는 반드시 **A=적응**(Adaptation), **G=목표 달성**(Goalattainment), **I= 통합**(Integration), **L=잠재적 패턴 유지**(Latency)의 4가지 조건이 기능하지 않으면 안 된다고 파슨스는 생각했다. 이것을 **AGIL 도식**이라고 한다.

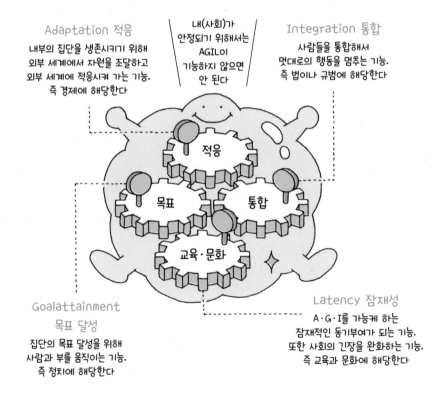

Adaptation 적응
내부의 집단을 생존시키기 위해 외부 세계에서 자원을 조달하고 외부 세계에 적응시켜 가는 기능. 즉 경제에 해당한다

내(사회)가 안정되기 위해서는 AGIL이 기능하지 않으면 안 된다

Integration 통합
사람들을 통합해서 멋대로의 행동을 멈추는 기능. 즉 법이나 규범에 해당한다

적응

목표   통합

교육·문화

Goalattainment
목표 달성
집단의 목표 달성을 위해 사람과 부를 움직이는 기능. 즉 정치에 해당한다

Latency 잠재성
A·G·I를 가능케 하는 잠재적인 동기부여가 되는 기능. 또한 사회의 긴장을 완화하는 기능. 즉 교육과 문화에 해당한다

그리고 사람들은 A, G, I, L 4가지 기능 중 어느 한 가지 역할을 하며 사회를 지탱하고 있다. 지속가능한 사회에는 AGIL 도식과 같은 확고한 구조가 존재하고 인간은 그 구조의 유지에 대해 기능적으로 공헌하고 있다.

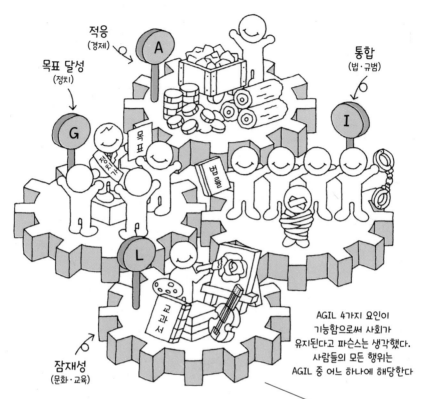

적응
(경제)

A

목표 달성
(정치)

G

통합
(법·규범)

I

잠재성
(문화·교육)

L

AGIL 4가지 요인이
기능함으로써 사회가
유지된다고 파슨스는 생각했다.
사람들의 모든 행위는
AGIL 중 어느 하나에 해당한다

지속가능한 사회에는 AGIL 도식과 같은 확고한 구조가 존재한다고 생각함으로써 파슨스는 사회 전체를 설명할 수 있는 일반 이론을 구축하고자 했다(구조-기능주의 p.129). 이후 그의 이론(사회시스템론 p.140)은 머튼과 루만 등에 계승된다.

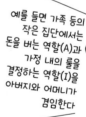

예를 들면 가족 등의
작은 집단에서는
돈을 버는 역할(A)과
가정 내의 룰을
결정하는 역할(I)을
아버지와 어머니가
겸임한다

파슨스

사회시스템론

사회의 안정에
사람은 기계적으로
공헌하고 있다

파슨스
구조·기능주의
p.129

사회는
갈등에 의해서
개선된다

다렌도르프
갈등이론
p.131

전 범위가 아니라
중범위
이론으로 가자

머튼
중범위 이론
p.139

사회시스템론에
미크로 시점을
도입하자

루만
오토포이에시스
p.254

구조-기능주의

문 헌 《경제와 사회》(파슨스/스멜서)

메 모 파슨스의 구조-기능주의의 '구조'는 AGIL 도식을 가리키며 레비 스트로스(p.121)의 구조주의(p.159)의 '구조'는 주로 교환의 습관(문화)를 가리킨다

사회이론

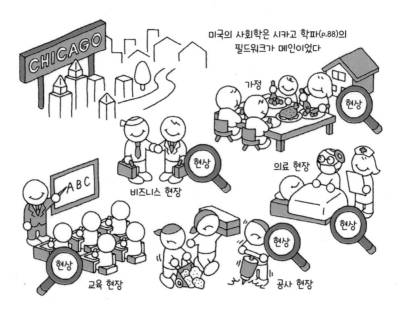

미국의 사회학은 시카고 학파(p.88)의 필드워크가 메인이었다

가정 / 현상

비즈니스 현장 / 현상

의료 현장 / 현상

교육 현장 / 현상

공사 현장 / 현상

20세기 초반 미국의 사회학은 사람들의 생활을 실제로 관찰하거나 인터뷰하는 등의 사회조사가 중심이었다. 이러한 방법은 사회 속에서 실제로 일어나고 있는 개개의 현상(사실)을 부각시켰다. 하지만 이들 현상을 하나의 이론으로 설명하지는 못했다.

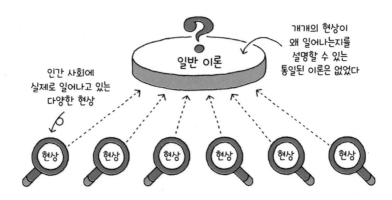

? / 일반 이론

인간 사회에 실제로 일어나고 있는 다양한 현상

개개의 현상이 왜 일어나는지를 설명할 수 있는 통일된 이론은 없었다

현상 / 현상 / 현상 / 현상 / 현상 / 현상

그래서 파슨스는 사회현상의 모든 것을 관철하는 일반 이론(거대이론grand theory)을 구축하려고 했다. 그리고 생각해낸 도식이 AGIL 도식(p.126)이다. 모든 사회현상과 인간의 상호행위는 이 도식을 유지하기 위해 존재하고 있다는 것이다.

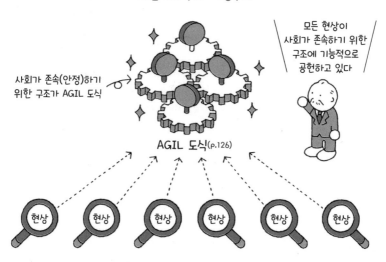

파슨스의 구조-기능주의

모든 현상이 사회가 존속하기 위한 구조에 기능적으로 공헌하고 있다

사회가 존속(안정)하기 위한 구조가 AGIL 도식

AGIL 도식(p.126)

현상   현상   현상   현상   현상   현상

이처럼 사회에는 확고한(변화하지 않는) 구조(파슨스의 경우는 AGIL 도식)가 존재하고 모든 사회현상과 상호행위는 이 구조를 유지하기 위해 기능한다는 생각을 기능주의라고 한다. 그리고 특히 파슨스의 **기능주의**를 강조하는 경우는 **구조-기능주의**라고 한다.

인간 사회에 일어나는 모든 현상은 사회의 안정을 위해 존재한다

이 생각은 개인의 주관을 무시하고 있다. 더욱이 어떤 현상을 염두에 두고 있는지 알 수 없다

| 머튼 | 다렌도르프 | 파슨스 | | 블루머 | 고프만 | 슈츠 |
| p.122 | p.125 | p.120 | VS | p.119 | p.176 | p.118 |

기능주의 · 사회시스템론(p.140)
매크로 사회학(p.140)

의미학파(p.141)
미크로 사회학(p.141)

기능주의 이론은 사회를 객관적으로 인식한다는 의미에서는 과학적이라고 할 수 있다. 훗날 '기능주의에는 인간의 주관적인 관점이 결여되어 있다'라고 주장하는 의미학파(p.141)와 대립한다.

다렌도르프

▶125

갈등이론

문　헌　《유토피아에서의 탈출》
메　모　갈등이론은 마르크스의 계층투쟁론(p.43)과 베버의
권력론(p.76)을 이 시대 사회에 맞추어 수정한 이론이라고 할 수
있다

사회이론

파슨스는 구조-기능주의(p.129)에 기초해서 사회 질서의 안정을 중요 과제로 삼았다.
하지만 다렌도르프는 사회의 안정은 자칫하면 권력을 가진 자와 갖지 않은 자의 관계가
계속 유지될 뿐만 아니라 권력의 폭력으로 이어진다고 생각했다.

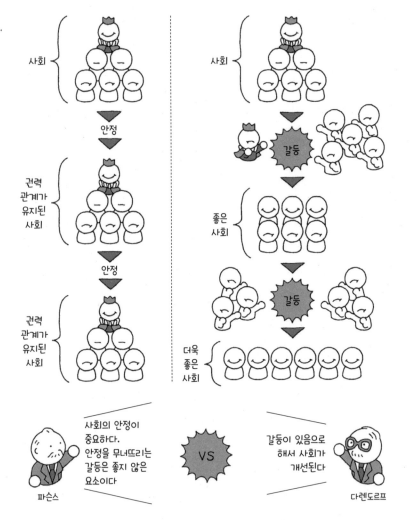

130

다렌도르프는 언뜻 사회의 균형을 위협하는 것처럼 보이는 **갈등**(항쟁·대립)이라는 요소의 중요성에 착안한다. 권력을 갖지 않은 사람들이 권력에 대항함으로써 권력에 수정을 요구할 수 있기 때문이다. 자본가 대 노동자 등 입장이 다른 사람들의 갈등에 의해서 사회가 변화·개선된다는 개념을 **갈등이론**이라고 한다.

갈등이 사회를 진화시킨다

또한 다렌도르프는 AGIL 도식과 같은 **사회시스템**으로 결정된 역할에 따르기만 하는 인간을 **호모소시올로직스***(사회학적 인간)라고 부르며 비판했다.

*호모소시올로직스homoSociologicS : 사회학상의 인간에 대한 개념으로, 사회적 지위와 역할에서 본 인간

머튼

사회이론

순기능 | 역기능

의 미 사회에 적응하는 기능이 순기능. 사회에 적응하지 못
하는 기능이 역기능
문 헌 《사회이론과 사회구조》

▶122

관료제의 순기능과 역기능

순기능
플러스 기능

명확한 권한이
합리성을 초래한다

객관적 규칙이
합리성을 초래한다

사칙

문서주의가
합리성을 초래한다

역기능
마이너스 기능

내 말을
들어!

상사의 의견이
절대적이다

6시 퇴근이
규칙이니까

규칙과 제도가
절대적이다

의미가 없는
작업이 생긴다

신제품의 순기능과 역기능

순기능

즐겁다!

쾌적하다!

편리하다!

세계가
넓어진다!

역기능

의존증

사고

사고
정지

운동 부족

역기능에
주목하는 것이
사회학이다

머튼

사회 속 여러 가지 현상과 사람들의 행동은 사회라는 시스템을
존속시키는 기능(작용)이라고 파슨스(p.120)는 생각했다. 이것을
기능주의(p.129)라고 한다. 같은 기능주의 입장에 있는 머튼은
기능에는 사회에 도움이 되는 **순기능**과 사회에 부정적 효과를
가져오는 **역기능**이 있다는 점을 지적했다.

현재적 기능 | 잠재적 기능

▶122

의 미 존재가 알려져 있는 기능이 현재적 기능. 알려지지 않은 예기치 못한 기능이 잠재적 기능
문 헌 《사회이론과 사회구조》

사회이론

신제품의 현재적 기능과 잠재적 기능

현재적 기능
예상한 기능

빠르다!
쾌적하다!
편리하다!
일이 순조롭게 돌아가고 있다

잠재적 기능
예상 외 기능

일 잘할 것 같아!
멋지다!
갑자기 인기 만점!

쓰레기 줍기의 현재적 기능과 잠재적 기능

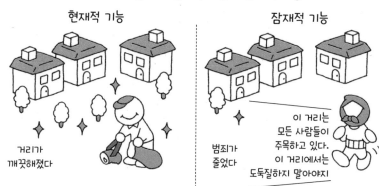

현재적 기능

거리가 깨끗해졌다

잠재적 기능

범죄가 줄었다

이 거리는 모든 사람들이 주목하고 있다. 이 거리에서는 도둑질하지 말아야지

사람이 어떤 행위를 할 때 본인이 예상한 대로 결과가 일어나면 그 작용을 **현재적 기능**이라고 한다. 반대로 예상치 못한 결과가 일어나면 이것을 잠재적 기능이라고 한다. 머튼은 역기능(p.132)과 함께 **잠재적 기능**이라는 시점을 이용해서 사회사상의 배후에 잠재된 무언가를 고찰하려고 했다.

잠재적 기능에 주목하는 것이 사회학이다

머튼

머튼

준거집단
(準 據 集 團)

의 미 한 개인이 자신의 신념·태도·가치 및 행동 방향을
결정하는 데 준거 기준으로 삼고 있는 사회 집단
문 헌 《사회이론과 사회구조》
메 모 준거집단에 대해 실제로 소속하고 있는 집단을 소속
집단이라고 한다

공공성과
커뮤니티

사회학에서 가장 중요한 개념 중 하나가 **준거집단**이다. 준거집단이란 결정을 할 때 자신에게 강한 영향을 미치는 사람들을 말한다. 준거집단은 반드시 구체적 집단이 아닌 어느 계층 전반인 경우도 있으며 또한 자신이 직접 소속되어 있지 않은 집단이기도 하다. 예를 들면 친구 집단, 존경하는 유명인, 단순히 부유층 등이 그에 해당한다.

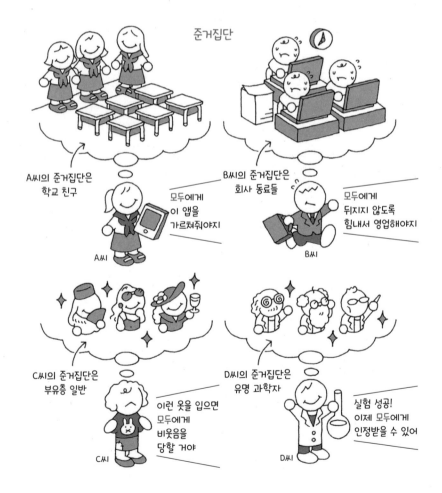

준거집단

A씨의 준거집단은
학교 친구

모두에게
이 앱을
가르쳐줘야지

A씨

B씨의 준거집단은
회사 동료들

모두에게
뒤지지 않도록
힘내서 영업해야지

B씨

C씨의 준거집단은
부유층 일반

이런 옷을 입으면
모두에게
비웃음을
당할 거야

C씨

D씨의 준거집단은
유명 과학자

실험 성공!
이제 모두에게
인정받을 수 있어

D씨

자신이 소속한 준거집단의 가치관에 따라서 자신의 가치관이 좌우된다.
다만 현대인은 복수의 준거집단에 속해 있기 때문에
어느 선택에 대해 어느 집단을 준거집단으로 할지는 때와 경우에 따라서 변화한다

예를 들면 자신의 머릿속 어느 준거집단이 자신보다 우수한 경우 열등감이 생기거나 그들을 쫓아가기 위한 향상심이 싹틀지도 모른다. 반대로 준거집단이 자신보다 열등한 경우는 우월감이 생기거나 향상심이 정체되기도 한다.

머튼

예언의 자기성취

의 미 예언된 일의 영향으로 실제로 예언대로 되는 것
문 헌 《사회이론과 사회구조》
메 모 이 생각은 훗날 베커의 라벨링 이론(p.194)에 영향을 미쳤다

사회이론

딱히 근거가 없어도 '○○는 좋을 거다'라고 생각하면 정말로 좋아지고, '○○는 틀림없이 나쁘다'라고 생각하면 정말로 나빠지는 일이 있다.

저 은행은 이제 곧 망할 거야!

근거가 없는 예언

뭐~

큰일인데

예언의 자기성취

돈을 찾아야겠어~

사람들이 예언에 영향을 받아 행동

돈 찾을래!

돈 찾을래!

일본의 도쿄와타나베은행도 쇼와 공황(1930~1931)* 시에 같은 길을 걸었다

다음 페이지로

머튼

*쇼와 공황(昭和恐慌) : 1930년부터 1931년에 걸쳐 정점에 달한 일본의 경제 위기 상황

이러한 현상은 인간사회 특유의 것으로 자연계에서는 일어나지 않는다. 할레 혜성(Hale Telescope)의 궤도를 예언(예측)한다고 해서 실제로 할레 혜성의 궤도에 아무런 영향을 미치지 않는다. 하지만 인간만은 타인이나 자신의 예언에 따라서 자신의 행동을 결정하는 성향이 있다. 결과적으로 예언한 사태가 일어나는 것을 **예언의 자기성취**라고 한다.

머튼

▶122

중범위 이론
(中 範 圍 理 論)

의 미 개별적인 실증연구와 포괄적인 이론 사이에 있는 이론.
중범위란 미크로와 매크로, 구상과 추상의 중간이라는 의미
메 모 머튼은 사회가 인간의 행위를 결정하고 있다고 하는
기능주의(p.129)의 기본 이론에는 찬성했다

사회이론

A

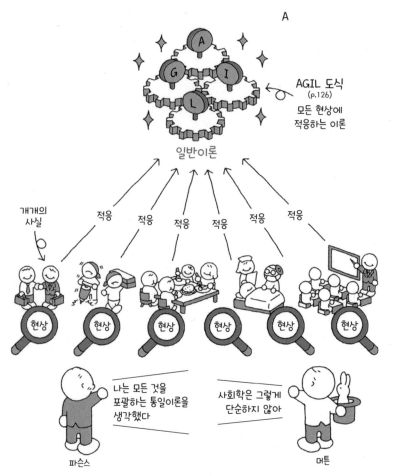

AGIL 도식
(p.126)
모든 현상에
적응하는 이론

일반이론

개개의
사실

적응   적응   적응   적응   적응   적응

현상   현상   현상   현상   현상   현상

나는 모든 것을
포괄하는 통일이론을
생각했다

사회학은 그렇게
단순하지 않아

파슨스

머튼

파슨스는 다양한 사회 현상이 어떻게 세상에 존재하는지를 하나의 이론으로 설명하고자
했다(구조-기능주의 p.129). 그래서 고안된 이론이 AGIL 도식(p.126)이었다. 하지만
머튼은 그러한 추상적인 일반이론(grand theory)을 구축했다고 해서 실제로 일어나고
있는 개개의 현상(사실)을 고찰하는 데 도움이 되지 않는다고 생각했다.

그래서 머튼은 사회학자의 역할은 실증적 연구에 도움 되는 **중범위 이론**을 구축하는 것이라고 했다. 여기서 말하는 중범위란 추상적인 일반이론과 구체적인 개개의 사실의 중간이라는 의미이다.

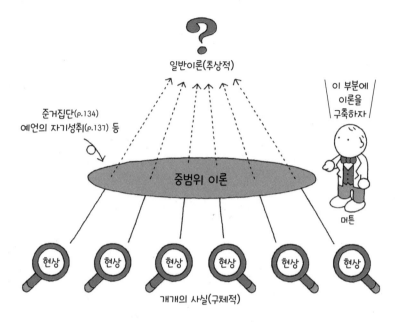

머튼은 중범위 이론의 예로 준거집단(p.134)과 예언의 자기성취(p.136) 등을 들었다. 이러한 이론은 현실로 일어나고 있는 개개의 문제를 해결하는 것에 실제로 도움이 된다고 그는 말한다.

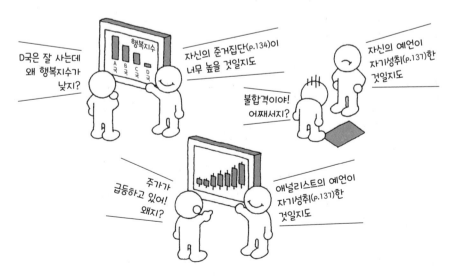

파는느 등

매크로 사회학

의 미 포디즘(p.94) 시대에서는 대중 사이에 같은 가치관이 공유되고 사회에 공헌하는 것이 자신과 사회를 위한 일이라고 생각했다. 이러한 배경에서 파슨스의 구조주의 등 사회시스템론이 전성기를 맞았다

사회이론

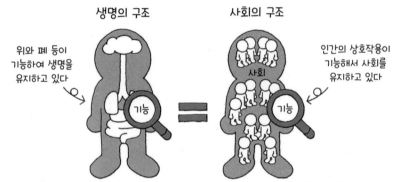

생명의 구조

위와 폐 등이 기능하여 생명을 유지하고 있다

기능

사회의 구조

인간의 상호작용이 기능해서 사회를 유지하고 있다

사회

기능

사회를 하나의 생명시스템으로 인식하고 그 구조를 고찰하는 것이 사회시스템론

뒤르켐　콩트　스펜서

사회시스템론의 원류는 우리들이다

파슨스
구조-기능주의(p.129)　머튼
중범위 이론(p.139)

의미학파(p.141)의 시점을 수용해서 사회시스템론을 현대에 부활시켰다

루만
오토포이에시스(p.254)　기든스
구조화 이론(p.275)　다렌도르프
갈등이론(p.131)

사회를 생명과 같은 구조를 한 시스템(한덩어리)으로 인식하는 것을 **사회시스템론**이라고 하다. 그리고 위가 소화라는 기능을 해서 생명시스템을 존속시키고 있듯이 모든 인간의 상호작용이 기능해서 사회시스템을 존속시키고 있는 것을 기능주의(p.129)라고 한다. 기능주의와 같이 사회 전체를 시스템으로 인식하고 그 구조가 인간의 행위에 어떠한 영향을 미치는지를 조사하는 사회학은 **매크로 사회학**이라고도 불린다(p.12).

블루머 등

▶119

▶119

미크로 사회학

메 모 포디즘에서 포스트포디즘 시대로 이행하면서 개인의
가치관이 다양해지고 여러 가지 행위의 개인적 의미가 중시되게
됐다. 이러한 배경에서 의미학파 등 미크로 사회학이 대두하기
시작했다

사회이론

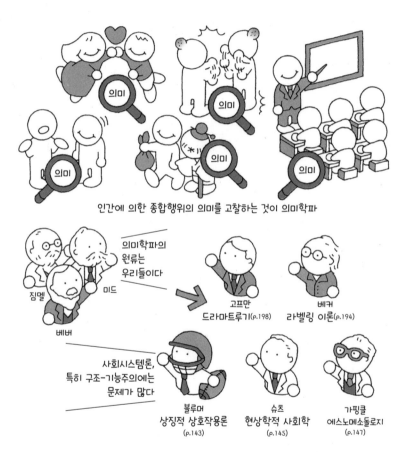

인간에 의한 종합행위의 의미를 고찰하는 것이 의미학파

짐멜 미드

베버

의미학파의
원류는
우리들이다

고프만
드라마트루기(p.198)

베커
라벨링 이론(p.194)

사회시스템론,
특히 구조-기능주의에는
문제가 많다

블루머
상징적 상호작용론
(p.143)

슈츠
현상학적 사회학
(p.145)

가핑클
에스노메소돌로지
(p.147)

사회 전체의 구조를 객관적으로 인식하는 사회시스템론(p.140)은 확실히 과학적이다.
하지만 그 사회를 구성하고 있는 개인의 주관을 무시하는 것을 불가능하다고 생각하는
것이 **의미학파**이다. 우리 인간은 동물과 달리 다양한 대상에 의미를 부여하고(대상을
해석하고) 그 의미에 기초해 상호작용을 한다. 의미학파는 이러한 상호작용의 의미를
이해함으로써 사회를 인식한다. 이러한 사회학은 **미크로 사회학**이라고도 불린다(p.12)

블루어

▶119

상징적 상호작용론

문 헌 《상징적 상호작용론》
메 모 인간의 상호작용과 주체적 의미 해석에 주목해서 사
회를 인식하려고 한 입장은 의미학파(p.141)로 불린다

사회이론

우리는 다양한 사물에 의미를 부여하면서 행동하고 있다. 사물의 의미는 사전에 고정적으로 정해져 있는 게 아니라 타인과의 상호작용 속에서 도출된다. 그리고 그 의미는 끊임없이 재해석되고 수정된다.

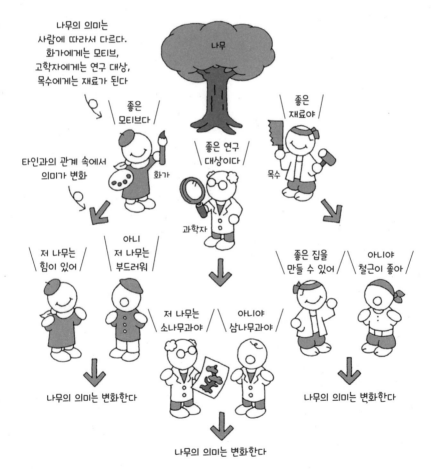

나무의 의미는
사람에 따라서 다르다.
화가에게는 모티브,
고학자에게는 연구 대상,
목수에게는 재료가 된다

나무

좋은
모티브다

좋은
재료야

타인과의 관계 속에서
의미가 변화

화가

좋은 연구
대상이다

목수

과학자

저 나무는
힘이 있어

아니
저 나무는
부드러워

저 나무는
소나무과야

아니야
삼나무과야

좋은 집을
만들 수 있어

아니야
철근이 좋아

나무의 의미는 변화한다

나무의 의미는 변화한다

나무의 의미는 변화한다

인간은 의미부여(해석)에 의해서 사물을 인식하고 그 의미에 기초해서 언동을 한다.
사회란 그들 언동의 집합. 즉 의미가 변화하는 이상, 사회도 변화한다

블루머의 **상징적 상호작용론**은 사회를 확고한 특정 가치에 의해서 성립되어 있다고는 인식하지 않는다. 인간의 주체적인 해석에 의해서 사물의 의미가 그때마다 수정된다는 다이내믹한 과정으로 사회를 이미지한다.

우리 마을 사람은 모두 가족이다

피가 이어져 있지 않으면 가족이 아니야

같은 집에 살면 가족이야

사람들은 나무, 사람, 가족, 국가 등의 의미(개념)를 함께 해석함으로써 사회를 성립시킨다.
하지만 나무와 가족 등의 의미는 끊임없이 재해석해서 변화한다.
사회는 파슨스가 생각한 것처럼 확고한 구조를 가질 수 없다

애완견은 가족이야

동물은 가족이 아니야

파슨스의 구조-기능주의(p.129)는 사회는 변화하지 않는 특정 구조(AGIL 도식 p.126)를 가지며 그것을 유지하기 위해 사람들의 행위가 있다고 했다. 이에 대해 심볼릭 상호작용론은 사람들이 다양한 대상에 의미를 부여하고 그 의미에 기초한 행동을 함으로써 사회가 성립된다고 생각한다. 사회가 인간의 행동을 규정하는 게 아니라 인간이 주체적으로 사회를 성립, 그리고 변화시킨다는 것이다.

구조-기능주의
(p.129)

나는 사회

인간의 모든 행동은
사회의 구조를 유지하기 위해 존재한다.
즉 사회가 인간의 행동을 규정하고 있다

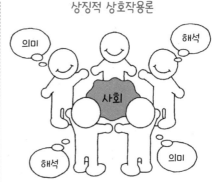

상징적 상호작용론

의미

해석

사회

해석

의미

인간이 사물에 의미를 부여하고
그에 기초한 행위를 함으로써 사회가 성립한다.
즉 인간의 행위가 사회를 계속 만들어낸다

뉴트

현상학적 사회학
(現象學的 社會學)

사회이론

문　헌　《사회적 세계의 의미 구성》
메　모　현상학적 사회학은 E. 후설(1859~1938)의 현상학에서
파생했다. 상호행위와 주체적인 의미 해석에 주목해서 사회를
인식하고자 한 입장은 의미학파(p.141)로 불린다

눈앞에 사과가 있으면 사과가 있다고 우리는 생각한다. 하지만 사과가 있다는 것을 사실로서 확신할 수 있는 근거는 자신의 의식 속에 사과가 있기 때문이다. 자신의 의식 외의 객관적인 세계에 정말로 사과가 있는지 어떤지는 알 수 없다.

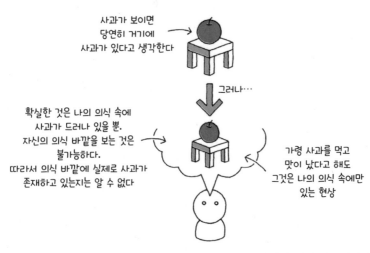

사과가 보이면
당연히 거기에
사과가 있다고 생각한다

그러나…

확실한 것은 나의 의식 속에
사과가 드러나 있을 뿐.
자신의 의식 바깥을 보는 것은
불가능하다.
따라서 의식 바깥에 실제로 사과가
존재하고 있는지는 알 수 없다

가령 사과를 먹고
맛이 났다고 해도
그것은 나의 의식 속에만
있는 현상

즉, 세계는 의식 속에만 존재하고 있다고 할 수 있다. 이러한 시점에서 현실의 세계가 어떻게 완성되는지를 생각하는 것이 현상학이다.

다시 말해
세계는 나의 의식 속에만
존재하고 있다

사회는 우리의 의식과 무관하게 객관적으로 존재하고 있는 것은 아니라고 슈츠는 말한다. 그렇지 않고 우리의 의식이 공유하는 인식이 '현실'을 만들어가기 때문에 사회가 존재한다고 받아들인다. 이러한 개념을 **현상학적 사회학**이라고 부른다.

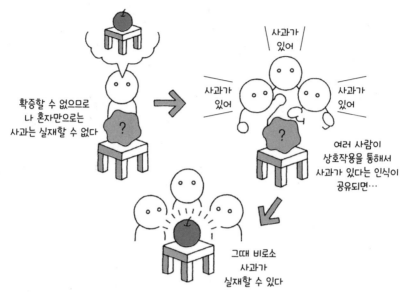

이 생각이 맞다고 한다면, 나와 타인의 관계가 없으면 세계가 현실로 존재하고 있는 것은 아니다.

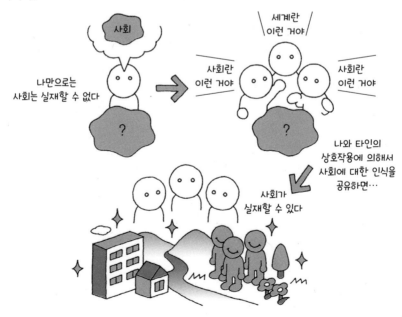

▶125

에스노메소돌로지

의 미 사회의 구성원(에스노)이 이용하는 방법론(메소돌로지)
문 헌 《에스노메소돌로지》
메 모 에스노메소돌로지는 현상학적 사회학(p.145)과 언어
게임(p.153)의 영향을 받았다.

사회이론

가핑클은 슈츠(p.118)와 마찬가지로 사람들의 공통인식으로 사회가 성립한다고 생각했다
(현상학적 사회학 p.145). 그래서 가핑클은 사회의 구체적인 공통인식 조사에 착수했다.

가령 의료현장의 의사들에게 건강이란 어떠한 상태를 가리킬까? 교육현장의 교사들에게
좋은 학생이란 어떤 학생을 가리킬까? 등을 실제 조사로 밝히면 그들의 공통의식에 다
다를 수 있다.

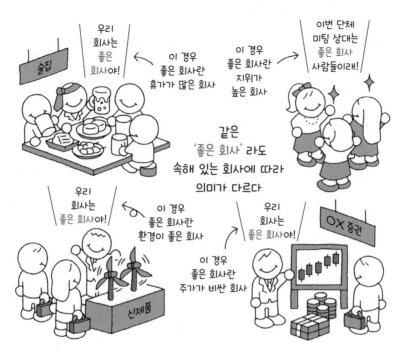

사람들의 행위와 대화(언어) 방법은 속해 있는 사회에 따라서 다르다(언어게임 p.153). 그렇다면 사람들이 당연히 여기고 있는 대화나 행위의 방법을 조사하면(공통인식을 조사하면) 그 사람들이 속해 있는 사회의 본질이 파악된다고 가핑클은 생각했다. 이러한 생각에 기초한 대화와 행동 분석은 **에스노메소돌로지**라고 부르며 현재도 활발하다.

라자스펠드

▶119

오피니언 리더

문 헌 《퍼스널 인플루언스*》(카츠/라자스펠드)

메 모 오피니언 리더의 발견은 제1차 집단(p.97)의 중요성을
다시금 제시했다

미디어

*퍼스널 인플루언스personal influence : 사람의 입을 통하여 전해지는 커
뮤니케이션의 영향. 인적 영향

라자스펠드는 매스미디어의 정보는 사람들에게 직접적으로 도달한다기보다 **오피니언
리더**를 거쳐 정보에 대한 관심이 낮은 사람들에게로 흘러간다고 생각했다. 이것을 **커뮤
니케이션의 2단계 흐름 모델**이라고 한다.

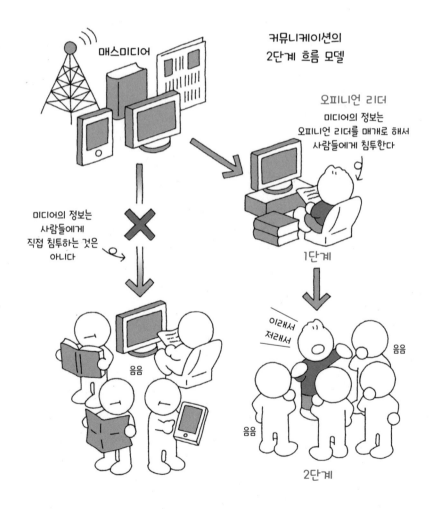

근대화와 함께 간접적 인간관계(제2차 집단 p.97)가 아무리 많아졌다고 해도 사람은 직접 얼굴을 마주하고 대화를 나누는 사이(제1차 집단 p.97)에서 많은 영향을 받는다고 라자스펠드는 말한다. 미디어의 메시지가 많은 사람들에게 도달하려면 오피니언 리더의 존재가 필요하다.

오피니언 리더는 정치와 기업에 이용되는 일이 있다. 따라서 오피니언 리더는 자신의 영향력을 자각할 필요가 있다고 할 수 있겠다.

리스먼

타인지향형

의 미 타인의 가치관에 동조하고자 하는 근대사회의 대중에게 보이는 특징적 성격

문 헌 《고독한 군중》

메 모 프롬의 논의(사회적 성격 p.102)를 답습했다

자기와
상호행위

리스먼은 사회를 구성하는 사람들의 성격을 3가지 유형으로 나누었다. 공동체의 전통에 따르는 ❶ **전통지향형**, 공동체에서 떨어져서 자기자신의 양심에 따라 행동하는 ❷ **내부 지향형**, 그리고 타인이 나를 어떻게 생각하는지에 민감하고 타인의 기호와 기대에 동조하고자 하는 ❸ **타인지향형**이다.

❶ 전통지향형

인구가 일정 수준 이하였던 전통적 공동체 사회(중세 이전)에서
사람들은 가족과 혈족 등의 가치관을 행동 지침으로 삼았다

○세에 결혼   ○시 기상, ○시 취침   매일의 기도

❷ 내부지향형

인구 증가가 과도기에 있고 사람들의 이동이 잦은 초기 자본주의 사회(자본주의 초기~19세기)에서
사람들의 행동 지침은 전통이 아닌 자신의 내면의 척도(기준)에 의존했다

시야를
넓히러
여행을
떠나자

사람을
돕고 싶다.
변호사가
되야지

진리를
알기 위해
공부
해야지

❸ 타인지향형

근대적인 대도시와 같이 자본주의가 성숙한 사회에서 사람들은
동 시대 사람들의 시선과 평가를 행동 지침으로 한다

현대인은 다양한 굴레로부터 해방됨과 동시에 고독감이 강해진다. 이러한 고독감을 완화하기 위해 사람들은 남들에게 동조하거나 매스미디어에 방향성을 요구하는 타인지향형이 되어 간다. 현대는 타인지향형 인간이 경제, 정치, 문화에 큰 영향력을 갖는 대중사회라고 할 수 있다.

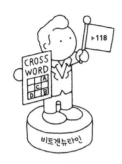

비트겐슈타인

언어게임

문 헌 《철학 탐구》
메 모 비트겐슈타인은 일찍이 사실과 언어란 일대일로 대응
하고 있다고 생각했지만(사상이론) 훗날 견해를 바꾸어 언어게임
이라는 개념에 도달했다

자기와
상호행위

예를 들면 '오늘은 좋을 날씨다'라는 주장(언어)이 있다고 하자. 이 경우 오늘이 좋은 날씨라면 이 주장은 바르고 그렇지 않으면 이 주장은 잘못된 것이다.

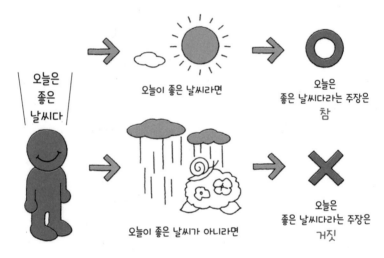

오늘은
좋은
날씨다

오늘이 좋은 날씨라면

오늘은
좋은 날씨다라는 주장은
참

오늘이 좋은 날씨가 아니라면

오늘은
좋은 날씨다라는 주장은
거짓

하지만 반드시 그렇다고는 할 수 없다. 왜냐하면 때와 경우에 따라서 주장의 의미는 변하기 때문이다. 사실과 언어는 일대일 대응을 하고 있는 것은 아니다.

오늘은 좋을
날씨다!

밸런타인
다이

사실

주룩

주룩

맞아

언어의 의미는
상황에 따라서 변화한다
'오늘은 좋은 날씨다'가
'오늘은 좋은 일이 있다'는 의미로
쓰이기도 한다

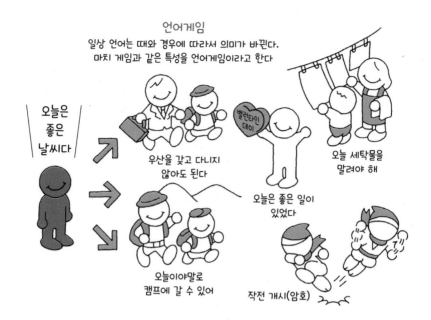

우리는 언어와 그 언어의 의미를 결부하는 룰을 이해하고 그 룰에 따라서 행동하고 있다. 이러한 언어활동 룰은 실제로 일상생활을 보내면서 습득할 수밖에 없다. 사회생활이란 **언어게임**에 참가하는 것이라고 비트겐슈타인은 생각했다.

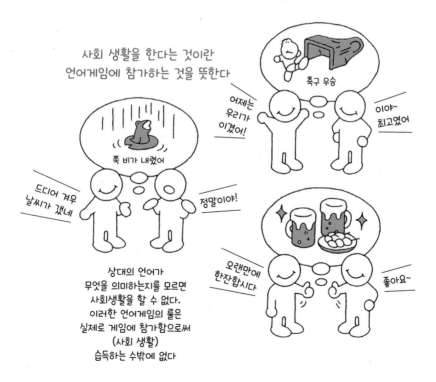

밀스

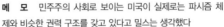

파워 엘리트

의 미 민주주의 사회를 배경으로 권력을 일원적으로 잡고 있는 지배층(군 상부·정부 고위 관리·대기업 경영자)
메 모 민주주의 사회로 보이는 미국이 실제로는 파시즘 체제와 비슷한 권력 구조를 갖고 있다고 밀스는 생각했다

질서와
권력

제1차 세계대전 후 미국이라고 하면 풍요롭고 사람들이 자율적인 이상적인 민주주의사회라는 이미지가 있었다.

▶124

일반적인 미국의 이미지

하지만 실제의 미국은 경제·군사·정치 3분야의 지배층인 **파워 엘리트**들이 연합해서 권력을 잡고 있는 국가이다. 때문에 언뜻 능동적으로 보이는 대중은 정치를 제어할 수 있는 힘을 갖고 있지 않다고 밀스는 주장했다. 미국의 진정한 모습은 소수의 엘리트가 지배하는 전형적인 계급사회인 것이다.

진정한 미국의 모습

진정한 미국의 모습은 파워 엘리트들의 사리사욕과
그들을 좇는 중간층(대기업 임원, 중소기업 사장 등도 포함한다)과
그들에게 의문을 갖지 않는 노동자로 구성되어 있다

레비 스트로스

▶121

근친간금기
(近親姦禁忌)

문 헌 《친족의 기본 구조》

의 미 사회의 근본 원리는 교환(증여와 답례)이라고 보고 교
환이라는 관점에서 사회를 이해하고자 하는 개념을 사회적 교환
이론이라고 한다

*인세스트 터부incest taboo : 근친간의 결혼이나 성적 관계를 금하는 규칙

공공성과
커뮤니티

모든 사회에서 근친상간(**인세스트**)을 **금기**하고 있다. 레비 스트로스는 미개사회의 사람
들과 생활을 함께하면서 그들의 사회에서 근친상간이 금기된 경위를 조사했다.

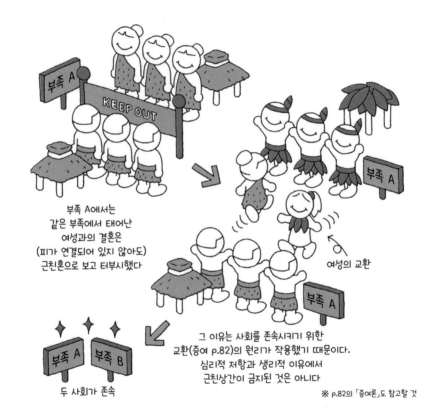

부족 A

KEEP OUT

부족 A에서는
같은 부족에서 태어난
여성과의 결혼은
(피가 연결되어 있지 않아도)
근친혼으로 보고 터부시했다

부족 A

여성의 교환

부족 A

부족 A   부족 B

두 사회가 존속

그 이유는 사회를 존속시키기 위한
교환(증여 p.82)의 원리가 작용했기 때문이다.
심리적 저항과 생리적 이유에서
근친상간이 금지된 것은 아니다

※ p.82의 「증여론」도 참고할 것

증여와 답례에 의한 교환은 인간사회가 존속하는 데 근본적인 요소였다(증여론 p.83).
레비 스트로스는 혼인을 다른 집단과 여성을 교환하는 것이라고 했다. 근친으로 여겨
결혼을 꺼리는 여성과 결혼 가능한 여성의 구별은, 즉 다른 집단에 교환 상대로 보내는
여성과 다른 집단에서 오는 여성의 구별을 의미한다고 생각한 것이다.

교환의 대상에는 가치가 부여된다. 즉 근친여성은 다른 집단에 보내기(교환한다) 위한 가치를 갖는 대상이 된다. 그렇다면 근친상간은 교환의 구조를 닫아버리는 행위로 간주되어 터부시됐을 것이다.

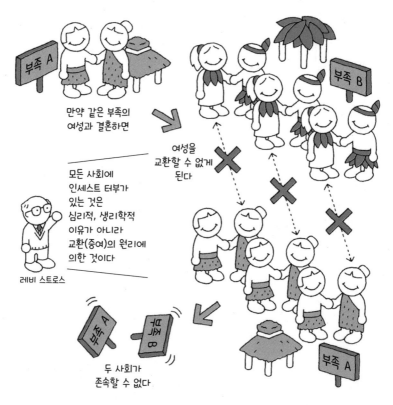

서양에도 동양에도 여성이 돈을 버는 습관이 있지만 우리들은 그 습관의 진정한 의미를 의식하고 있지는 않다. 비단 여성의 교환뿐 아니라 증여와 답례의 교환이라는 습관으로 사회를 유지하는 구조는 다양한 사회에서 볼 수 있다고 레비 스트로스는 말한다. 사회의 근저에 놓인 이러한 구조(습관과 문화)에 인간은 무의식적으로 따를 뿐이라고 그는 생각한다(구조주의 p.159).

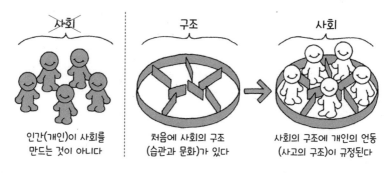

구조주의
(構 造 主 義)

의 미 인간의 행동은 자신이 속한 습관이나 문화(사회 구조)
에 무의식적으로 규정되어 있다는 개념
문 헌 《친족의 기본 구조》, 《야생의 사고》
메 모 이외에 구조주의의 대표적 인물에는 알튀세르, 푸코
등이 있다

사회이론

프랑스인은 나비도 나방도 파피용이라는 언어로 표현한다. 다시 말해 프랑스인에게 나방
(혹은 나비)은 존재하지 않는다. 이 사실에서 나방이라는 존재가 있기 때문에 우리들이
그것에 나방이라는 이름을 붙인 것은 아니라는 것을 알 수 있다.

하나하나의 요소가 먼저 존재하고 거기에 이름이 할당되어 있는 것은 아니다. 우리가
세계를 언어로 구분함으로써 하나하나의 요소가 존재하는 것이다. 우리는 이 언어 세계의
범위 내에서 사고하고 있다. 이 점에서 인간의 사고(의 구조)는 자신이 속해 있는 사회와
문화(의 구조)에 무의식적으로 지배되고 있다고 레비 스트로스는 생각했다.

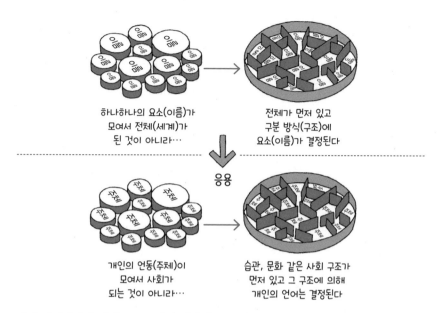

하나하나의 요소(이름)가
모여서 전체(세계)가
된 것이 아니라…

전체가 먼저 있고
구분 방식(구조)에
요소(이름)가 결정된다

응용

개인의 언동(주체)이
모여서 사회가
되는 것이 아니라…

습관, 문화 같은 사회 구조가
먼저 있고 그 구조에 의해
개인의 언어는 결정된다

가령 미개사회라 불리는 공동체에 살아가는 사람들은 서양과는 다른 방식으로 세계를 구분하고 있다. 이 구분 방식으로 성립되어 있는 사회는 서양의 문명적인 사회와 비교해 인간으로서 뒤처진 발전 단계에 있는 것은 아니다. 그것이 **구조주의**의 개념이다.

서양의 사고
과학적으로 세계를 구분한다

미개사회의 사고
서양과는 다른 방식으로 구분한다

이 사고가
만들어낸 것

이 사고로
존속한 것

서양이 과학을 발전시켜 왔기 때문에 무의식중에 서양의 사고를 발전된 사고라고 생각한다.
하지만 과학은 환경 파괴와 대량 살상 무기를 만들어냈다.
서양의 과학적 사고가 미개사회로 여겨지는 사람들의 사고와 비교해
발전된 사고의 구조라고는 할 수 없다

마이클 영

메리토크라시

▶124

의 미 실적주의, 능력주의를 말한다
메 모 기존의 메리토크라시는 학력 등이 평가 기준이었지만 최근에는 커뮤니케이션 능력, 인간력 등 새로운 능력이 요구되고 있다(하이퍼 메리토크라시)

계급과 계층

근대사회(자본주의사회)에서는 출생과 집안이 아니라 자기자신의 능력에 의해서 사회적 지위가 결정됐다. 이처럼 개인의 능력이 지위와 능력을 결정하는 사회와 상황을 영은 메리토크라시라고 불렀다.

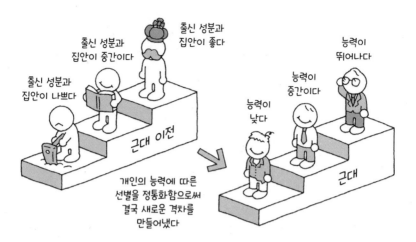

메리토크라시와 같이 출신 성분이 아니라 개인의 능력이 사회적 지위를 결정하는 세상을 평등하고 바람직하다고 여기는 성향이 있다. 하지만 능력에 따른 선별이 절대적인 기준이 되면 새로운 격차와 지배 구조를 낳아버린다. 영은 메리토크라시라는 단어를 이용해서 과도한 능력주의에 경종을 울렸다.

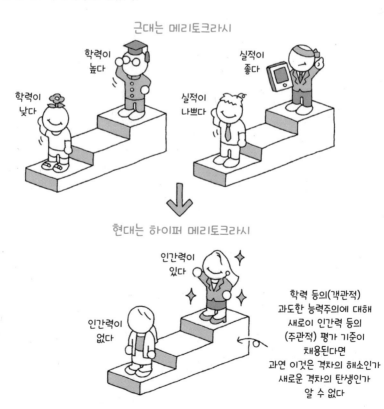

▶123

부어스틴

유사 이벤트

의 미 소박한 사실에 매스미디어의 드라마적 가공이 가미되어 만들어지는 2차적 현실
문 헌 《이미지와 환상(The Image)》
메 모 이 견해는 훗날 기호적 소비(p.244)로 이어진다

미디어

매스미디어가 사실처럼 보이게 만들어내는 사건이나 사실의 일부를 굳이 대대적으로 부각시키는 시점을 부어스틴은 **유사 이벤트**라고 불렀다. 매스미디어가 보도하는 종종 '사실'이 아니다.

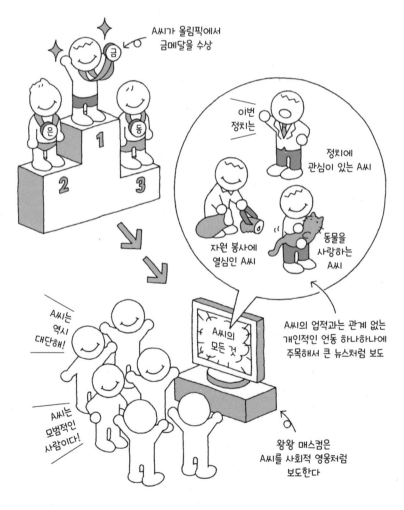

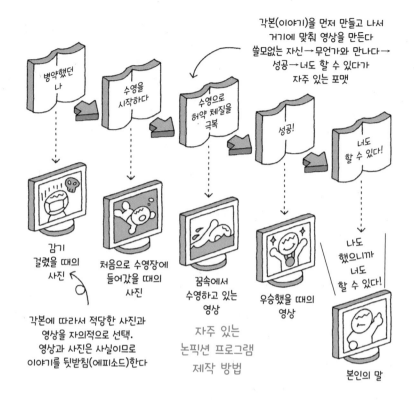

각본(이야기)을 먼저 만들고 나서 거기에 맞춰 영상을 만든다
쓸모없는 자신 → 무언가와 만나다 → 성공 → 너도 할 수 있다가 자주 있는 포맷

병약했던 나

수영을 시작하다

수영으로 허약 체질을 극복

성공!

너도 할 수 있다!

감기 걸렸을 때의 사진

처음으로 수영장에 들어갔을 때의 사진

꿈속에서 수영하고 있는 영상

우승했을 때의 영상

나도 했으니까 너도 할 수 있다!

각본에 따라서 적당한 사진과 영상을 자의적으로 선택. 영상과 사진은 사실이므로 이야기를 뒷받침(에피소드)한다

자주 있는 논픽션 프로그램 제작 방법

본인의 말

부어스틴은 유사 이벤트의 주모자가 일방적으로 이러한 시점을 제조하고 있다고 생각하지 않았다. 사람들이 드라마틱한 사건을 기대하는 것이다. 유사 이벤트는 사람들의 기대에 부응해서 계속 제공된다.

사람은 사실이 아니라 믿고 싶은 것을 믿는다

금메달리스트인 A씨는 멋진 사람입니다

역시 A씨는 대단해!

A 텔레비전 방송국

이 사람은 사실을 말하고 있다

금메달리스트인 A씨는 나쁜 사람입니다

편파 보도다!

B 텔레비전 방송국

맞아!

▶122

맥루한

미디어는 메시지

의 미 미디어(텔레비전, 신문, 잡지, 인터넷 등)가 전하는 정
보의 내용과는 별도로 미디어의 형식 자체가 인간과 사회에 영
향을 미치고 있다는 것을 말한다
문 헌 《미디어론》

미디어

사람들은 미디어란 메시지를 받아서 수신자에게 운반하기 위한 수단에 지나지 않는다고
생각했다. 그리고 사람에게 영향을 미치는 것은 미디어가 나르는 메시지의 내용이라고
여겼다.

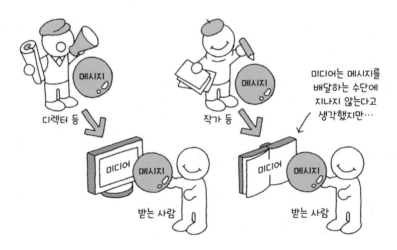

디렉터 등

작가 등

미디어는 메시지를
배달하는 수단에
지나지 않는다고
생각했지만…

받는 사람

받는 사람

하지만 맥루한은 미디어의 형식이 사람의 사고와 행동에 큰 영향을 미친다고 주장했다.
미디어가 나르는 메시지와는 별도로 미디어 자체가 메시지성을 갖고 있다는 것이다. 맥
루한은 이것을 **미디어는 메시지**라고 표현했다.

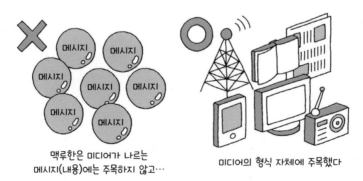

맥루한은 미디어가 나르는
메시지(내용)에는 주목하지 않고…

미디어의 형식 자체에 주목했다

164

그 옛날의 생활 방식
텔레비전 시간에 생활을 맞출 필요가 있었다

인터넷 시대의 생활 방식
텔레비전 시간에 생활을 맞출 필요가 없어졌다

맥루한은 새로운 미디어는 사람들의 사고와 행동을 근본적으로 바꾼다고 생각했다. 다시 말해 새로운 미디어의 등장이 새로운 사회를 탄생시킨다.

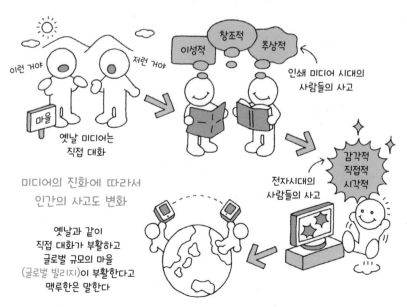

▶122

맥루한

인간의 확장

의 미 미디어를 인간의 기관(器官)이 외화(外化)한 것이라고
인식하는 것
메 모 맥루한은 《구텐베르크 은하계》에서 활자인쇄 기술의
등장이 소리(언어)의 확장에 크게 공헌했다고 논했다

미디어

맥루한은 미디어를 **인간의 확장**이라고 생각했다. 그에게 미디어란 이른바 텔레비전과
책 혹은 전화와 편지만을 가리키는 게 아니다. 그는 모든 인공물을 미디어라고 받아들
였다.

컴퓨터 등은
뇌의 확장

청진기 등은
귀의 확장

망원경이나 안경 등은
눈의 확장

신문이나 텔레비전 등은
소리의 확장

무기는
치아와 손의 확장

도구는
손의 확장

옷 등은
피부의 확장

바퀴는
발의 확장

맥루한은 모든 인공물을 인간의 신체 능력을 보강하는 미디어라고 인식했다

미디어(기술)가 진화함으로써
인간의 신체가 확장된다

인간의
확장

예를 들어 망원경·현미경 등의 미디어는 눈의 확장, 바퀴라면 발의 확장과 같은 식으로 인간이 만들어낸 기술 전반을 미디어라고 인식하고 신체를 확장시킨다고 맥루한은 생각했다. 미디어를 신체라고 받아들이면 새로이 생겨나는 기술이 인간의 신체 감각에 변화를 초래하는 것을 알 수 있다.

강화·회복
이동이 빨라진다

새로운 미디어가 등장하여
신체가 확장되면
강화와 쇠퇴가 동시에 일어난다

쇠퇴·반전
운동 부족과 교통사고 등

한 사람 한 사람의 신체 감각이 변화하면 자동적으로 사회 전체도 변화하게 된다. 맥루한에게 인류의 역사란 바로 미디어의 진화에 의해서 인간의 신체가 확장하고 감각이 변화하는 과정이다.

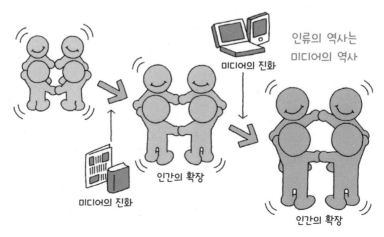

인류의 역사는
미디어의 역사

미디어의 진화

미디어의 진화

인간의 확장

인간의 확장

아리에스

아동의 탄생

의 미 아동이라는 개념은 근대에 생겨났다
문 헌 《아동의 탄생》
메 모 아동에 대한 특별한 의식은 우선 16~17세기 상류 계급
에서 생겨났다

공공성과
커뮤니티

아동은 어느 시대에나 존재한 것은 아니다. **아동**이라는 개념은 17세기경에 생겨났다고
아리에스는 말한다. 근대적인 학교 제도의 정비를 계기로 '어느 정도까지의 연령까지는
보호하며 기르는 것'이라는 발상이 생겨나고 어른과는 다른 존재로서 아동이라는 개념이
등장했다는 것이다. 그때까지는 작은 어른밖에 존재하지 않았다.

이어서

아동을 중심으로 한 핵가족이 탄생한다

이후 아동과 부모를 한 단위로 생각하는 근대적 가족관이 생겨난다. 아동은 어른으로부터 애정을 받으며 안전과 교육을 보장받지만 한편으로 아동과 모친의 넓은 사교관계는 희박해졌다.

향후 가족관은 어떻게 변화할까?

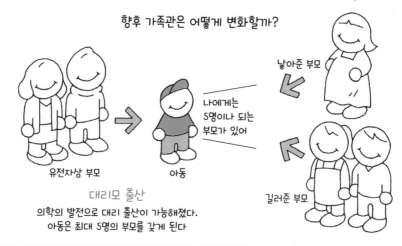

나에게는 5명이나 되는 부모가 있어

낳아준 부모

유전자상 부모   아동

길러준 부모

대리모 출산

의학의 발전으로 대리 출산이 가능해졌다.
아동은 최대 5명의 부모를 갖게 된다

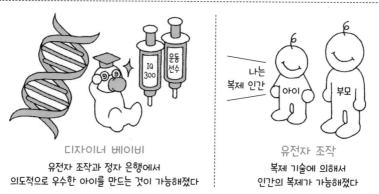

IQ 300   운동선수

나는 복제 인간

아이   부모

디자이너 베이비

유전자 조작과 정자 은행에서
의도적으로 우수한 아이를 만드는 것이 가능해졌다

유전자 조작

복제 기술에 의해서
인간의 복제가 가능해졌다

우리가 당연하다고 생각하는 어른/아동이라는 구별에 기초한 가족관은 극히 근대의 산물이다. 유전자 조작, 인공 수정, 대리모 출산 등이 가능해진 지금 가족관은 앞으로 어떻게 변화할지 알 수 없다.

보부아르

제2의 성

젠더와
섹슈얼리티

문 헌 《제2의 성》

메 모 생물학적인 성별 차이인 섹스가 아니라 사회적으로
만든 성별 차이인 젠더(p.238) 개념을 세상에 확산시키는 데 《제
2의 성》이 한 역할은 크다

여성은 남성(일반인)으로부터
일탈한 성으로 취급받았다

남성은 인간의 주체인
제1의 성

여성은 객체인
제2의 성

타인

KEEP OUT

주체

보부아르는 남성이 인간의 주체로 취급된 것에 대해 여성은 그 주체에게 타인인 **제2의
성**의 입장에 놓여 있다고 지적했다. 여성이라는 것은 선척적으로 그렇게 태어난 것이
아니라 문화적·사회적으로 만들어진다고 그녀는 말한다.

태어났을 때는
남성도 여성도
아니다

남성의 말을
거스르면
안 된다

여성은
얌전히
있어야 해

여성은
육아를
해라

여성은
가사에
전념해라

남성을
뒷받침해라

여성은 나중에
문화적·사회적으로
만들어진다

보부아르

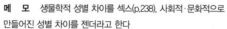

페미니즘

젠더와
섹슈얼리티

의 미 여성의 자기결정권을 주장하고 성차별로부터 해방을
지향하는 운동과 사상을 말한다
메 모 생물학적 성별 차이를 섹스(p.238), 사회적·문화적으로
만들어진 성별 차이를 젠더라고 한다

남성중심주의 사회에 이의를 제기하고 성차별 폐지와 여성의 해방·권리 신장을 지향하는
운동과 사상을 **페미니즘**이라고 부른다. 페미니즘은 역사적으로 제1물결, 제2물결, 제3
물결로 나뉜다.

제1물결

19세기~1960년대
참정권 등 법적으로 남성과
동등한 권리를 획득하기 위한
운동이 전개된다

제2물결

1960~1970년대
낡은 결혼관, 성별 역할
분업 등을 재검토하여
형식뿐 아니라
실질적인 평등을 요구한다

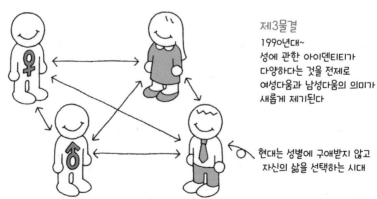

제3물결

1990년대~
성에 관한 아이덴티티가
다양하다는 것을 전제로
여성다움과 남성다움의 의미가
새롭게 제기된다

현대는 성별에 구애받지 않고
자신의 삶을 선택하는 시대

이래로

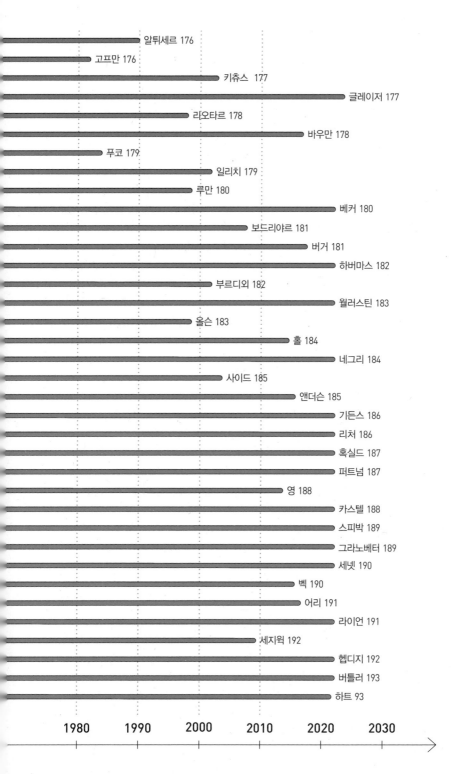

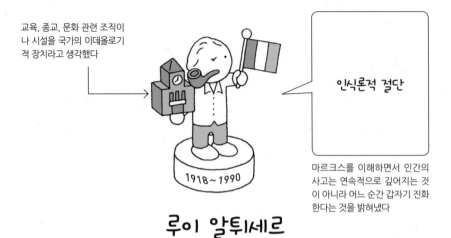

교육, 종교, 문화 관련 조직이나 시설을 국가의 이데올로기적 장치라고 생각했다

인식론적 결단

마르크스를 이해하면서 인간의 사고는 연속적으로 깊어지는 것이 아니라 어느 순간 갑자기 진화한다는 것을 밝혀냈다

1918~1990

루이 알튀세르
Louis Pierre Althusser
▶ P.204

프랑스의 철학자. 제2차 세계대전 당시 병역에 소집되어 포로생활을 경험한다. 전후 프랑스 공산당에 참가하여 당 내부에서 스탈린을 비판하는 등 정치적 활동에도 적극적이었다. 고등사범학교 근무 시에는 미셸 푸코와 자크 데리다 등을 지도한다. 1980년 아내를 교살하고 정신병원에 수용된다. 퇴원한 후에도 집필 활동을 이어가다 1990년에 사망한다.

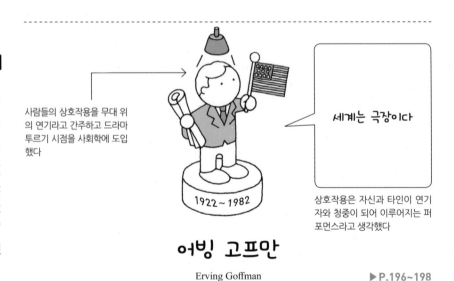

사람들의 상호작용을 무대 위의 연기라고 간주하고 드라마투르기 시점을 사회학에 도입했다

세계는 극장이다

상호작용은 자신과 타인이 연기자와 청중이 되어 이루어지는 퍼포먼스라고 생각했다

1922~1982

어빙 고프만
Erving Goffman
▶ P.196~198

미국이 사회학자. 우크라이나 유대계 이민자의 자식으로 캐나다 앨버타주에서 태어난다. 시카고대학에서 인류학자 W. L. 워너의 영향을 받는다. 셔틀랜드섬의 생활과 워싱턴 D. C.의 정신병원·성엘리자베스 병원에서 입원환자의 일상 생활을 관찰하는 등 현장 활동을 이행한다. 연극론적 사회학을 창안했다.

사람들이 '무엇을 문제로 간주하고 클레임을 제기하는가'를 연구 대상으로 해야 한다고 생각했다

사회문제의 적절한 정의는 존재하지 않는다

무엇이 사회문제인지가 객관적으로 정의되어 있는 않은 것 자체에 의구심을 가졌다

1923~2003

존 키츄스

John Itsuro Kitsuse

▶ P.208

미국의 사회학자. 일본인 2세로 캘리포니아에서 태어난다. 일본명은 이츠로(Itsuro). 제2차 세계대전 중에는 일본인 강제수용소에 수감된다. 라벨링 이론을 전개하고 에스노메소돌로지와 통합해서 구축주의 어프로치를 추진했다. M. B. 스펙터와의 공저 《사회문제의 구축》은 구축주의의 대표적 저작이다.

글레이저는 미국합중국의 멜팅 팟 신화를 풀어 훗날 샐러드 볼이라는 새로운 용어를 사용했다

문화는 섞일지언정 녹는 일은 없다

각각의 민족은 공존은 해도 동화되지 않기 때문에 인종의 도가니(멜팅 팟)라는 비유는 이치에 맞지 않는다고 생각했다

1923~

네산 글레이저

Nathan Glazer

▶ P.256

미국의 사회학자. 유대계 이민자의 자식으로 뉴욕에서 태어나고 가정에서는 이디시어를 말했다. 캘리포니아 대학 버클리교, 하버드 대학에서 교편을 잡고 또한 신보수주의 잡지 〈퍼블릭 인터레스트〉의 편집도 맡는다. 후에 미국 상원의원인 D. P. 모이니한과의 공저 《인종의 도가니를 넘어서》는 에스니시티티(ethnicity)라는 단어가 침투하는 계기가 된다.

건축 분야에서 장식성, 다양성의 회복을 의미하는 포스트모던이라는 단어를 리오타르는 현대 사상에 이용했다

큰 이야기는 종언했다

큰 이야기란 사회 전체에 목표를 부여하는 사상, 이데올로기를 말한다

1924 ~ 1998

장 프랑수아 리오타르

Jean-François Lyotard   ▶ P.234

프랑스의 철학자로 베르사유에서 태어난다. 리세(고등학교) 교사로 부임한 알제리에서 급진적 마르크스주의자로 활동한다. 이후 파리로 돌아와 파리 제8대학 교수, 국제 철학 콜라주(국제과학사-과학철학연합)의 의장 등을 역임한다. 1979년에 출간한 저서 《포스트모던의 조건》은 포스트모던이라는 단어를 세상에 알리는 데 기여했다.

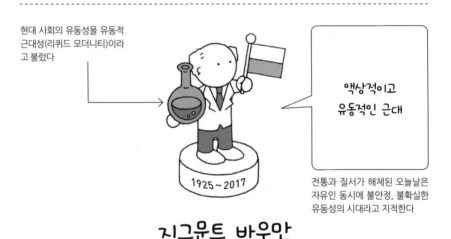

현대 사회의 유동성을 유동적 근대성(리퀴드 모더니티)이라고 불렀다

액상적이고 유동적인 근대

전통과 질서가 해체된 오늘날은 자유인 동시에 불안정, 불확실한 유동성의 시대라고 지적한다

1925 ~ 2017

지그문트 바우만

Zygmunt Bauman   ▶ P.266

폴란드 출신의 사회학자로 유대계 가정에서 태어난 그는 나치를 피해 구소련으로 이주한다. 전후 귀국해서 바르샤바 대학에서 교편을 잡지만 6일 전쟁*을 계기로 폴란드에서 반유대주의가 분출하자 그 여파로 바르샤바 대학에서 해고된다. 이를 계기로 폴란드를 떠나 각국을 전전하다가 영국의 리즈 대학을 거점으로 연구를 이어갔다.

*6일 전쟁 : 1967년 아랍-이스라엘 전쟁 등으로도 알려져 있다.

벤담이 고안한 감옥 모델을 이용하여 죄인들이 자벌적*인 주체를 형성하는 모양을 설명했다

죽이는(死) 권력에서 살리는(生) 권력으로

*자벌적 : 내벌적, 일이 자기 뜻대로 되지 않거나 실패했을 때, 그 탓을 자기에게 돌리는 것

근대에 드러난 새로운 권력은 사람들을 보다 좋게 '활용한다'는 원리에 기초하고 있다고 지적했다

1926~1984

미셸 푸코

Michel Foucault

▶ P.205~206

프랑스의 철학자로 푸아티에시에서 외과의사의 자식으로 태어난다. 고등사범학교 재학 중 자살 미수를 반복하는 불안정한 시기를 보내다가 루이 알튀세르의 도움을 받는다. 1966년 출판한 《언어와 사물》로 구조조의의 기수로 주목을 받는다. 콜레주 드 프랑스의 교수에 취임한 이후 신체와 권력에 얽힌 문제에 경주한다. 1984년 에이즈로 인한 패혈증으로 사망한다.

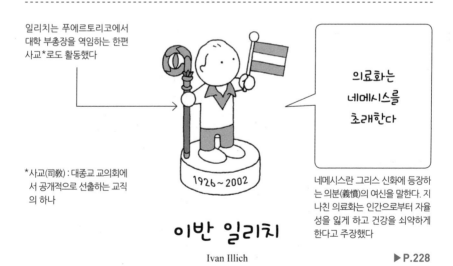

일리치는 푸에르토리코에서 대학 부총장을 역임하는 한편 사교*로도 활동했다

의료화는 네메시스를 초래한다

*사교(司敎) : 대종교 교의회에서 공개적으로 선출하는 교직의 하나

네메시스란 그리스 신화에 등장하는 의분(義憤)의 여신을 말한다. 지나친 의료화는 인간으로부터 자율성을 잃게 하고 건강을 쇠약하게 한다고 주장했다

1926~2002

이반 일리치

Ivan Illich

▶ P.228

오스트리아 태생의 철학자. 그레고리오 대학에서 철학과 신학을 배우고 잘츠부르크 대학에서는 역사학을 익힌다. 푸에르토리코의 가톨릭 대학에서 부학장을 맡은 후 멕시코에서 국제문화형성센터를 설립하고 라틴아메리카에 대한 아메리카와 로마 교황청의 자세에 저항하는 거점으로 삼았다. 산업사회가 초래한 사회적 서비스의 폐해에 주목하여 탈의료화와 탈학교화를 주장했다.

생물학의 자기 산출 시스템(오토포이에시스*)을 사회시스템에 대담하게 응용해 보였다

복잡성 감축

*오토포이에시스autopoiesis
: 칠레의 생리학자 마투라나와 바렐라가 제창한 생명 시스템을 특징짓는 개념

이 개념을 열쇠로 모든 가능성이 존재해야 할 세상에서 왜 질서가 유지되는지 그 원리를 생각했다

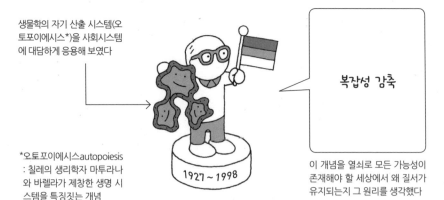

1927 ~ 1998

니클라스 루만

Niklas Luhmann

▶ P.250~254

독일의 사회학자. 행정 관료로서 일하는 한편 논문을 집필하고 행정관용 장학생에 응모해서 1960년에 하버드 대학으로 유학. 이곳에서 탈코트 파슨스의 사회학을 접하고 귀국 후에 연구직으로 옮긴다. 빌레펠트 대학 사회학부에 일자리를 얻고 정년 퇴직할 때까지 동 대학에서 지냈다. 사회시스템론을 둘러싸고 벌인 위르겐 하버마스와의 논쟁은 루만의 이름을 세상에 알린 계기가 됐다.

- -

사회적 상호작용에서 일탈자가 만들어내는 과정을 파악하는 라벨링 이론을 제기했다

일탈은 만들어진다

1928 ~

범죄와 비행 등 일탈 행동을 한 자를 일탈자로 보는 것은 주위의 레테르라고 지적했다

하워드 S. 베커

Howard Saul Becker

▶ P.194

미국의 사회학자로 시카고 대학에서 E. C. 휴스와 H. G. 블루머에게 배운다. 동 시기의 시카고 대학에는 어빙 고프만 등이 있었다. 마리화나 사용자와 댄스 뮤지션을 대상으로 조사한 결과를 기반으로 한 일탈 연구와 예술작품의 가치가 예술 세계 참가자들의 집합행동에 의해서 결정된다고 지적한 아트 월드 연구로 알려져 있다.

사물을 몸에 익히는 것의 의의
는 그 자체의 사용 가치가 아
니라 그 사물이 가진 기호성이
라고 생각했다

소비는
무한으로
계속된다

보드리야르에 따르면 사람들은
타인과 자신을 차별화하기 위해
소비하고 그것은 무한하게 계속
된다

장 보드리야르

Jean Baudrillard ▶ P.244~246

프랑스의 철학자. 리세에서 독일어 교사를 하면서 마르크스-엥겔스 전집의 해석에 참가한다.
첫 저작 《사물의 체계》의 기반이 되는 논문으로 박사 학위를 취득하고 파리 대학 낭테르교의 교
원이 된다. 기호론을 채택한 소비사회론과 시뮬라크르론을 전개해서 대량소비사회를 판독하는
논자로 넓은 층에서 지지를 받았다.

버거는 프로테스탄트 신학자
로도 유명하다

현실은
의식의
한 형태이다

우리의 주관적 인식이 상호작용
에 의해서 상식화되고 객관적 현
실이 된다고 생각했다

피터 L. 버거

Peter Ludwig Berger ▶ P.208

오스트리아 빈 태생의 사회학자로 1946년 미국으로 이주한다. 뉴 스쿨 포 소셜 리서치 대학원
에서 공부하고 몇몇 대학에서 사회학과 신학을 가르친다. 토마스 루크만과의 공저 《현실의 사
회적 구성》은 이후의 사회구축주의에 크게 영향을 미쳤다. 1980년대에는 남아프리카를 오가며
반아파르트헤이트 운동에 힘을 쏟는다.

커피하우스 등에서 근대 시민들이 열정적으로 논쟁을 벌인 것에 착안해서 공공권을 논했다

도구로서의 언어 이용은 커뮤니케이션은 아니다

있어야 할 공공권의 참모습을 되찾기 위해 도구적 이성이 아닌 상호를 이해하는 대화적 이성에서 가능성을 찾아냈다

위르겐 하버마스

Jürgen Habermas ▶ P.200~203

독일 태생의 철학자. 소년기를 히틀러 위르겐의 일원으로 보내고 패전을 계기로 미국 점령하에서 민주주의를 접한다. 박사 학위 취득 후 프랑크푸르트 사회연구소에 들어가지만 막스 호르크하이머와 입장 차이로 사직한다. 하이델베르크 대학 등을 거친 후 다시 프랑크푸르트 대학에 자리를 얻었고 1994년에 물러났다. 니클라스 루만 등과 다수의 논쟁도 벌였다.

문화 자본에 의해서 사회 계급이 재생산되고 있다고 지적했다

취미는 계급을 각인한다

취미 취향이 본인의 계층적 배경, 문화적 배경에 어떤 식으로 연결되는지를 해명했다

피에르 부르디외

Pierre Bourdieu ▶ P.214~216

프랑스의 사회학자로 남프랑스 피레네자틀랑티크에서 우편국 직원의 아들로 태어난다. 파리의 상류 계급 출신자가 많은 엘리트 고등교육기관에서 지방의 서민 계급 출신자로 지낸 경험이 훗날 연구의 토대가 된다. 리세 교사 시절 병역으로 알제리로 출정한 후 현지에서 교직에 몸담는다. 프랑스로 귀국한 후에는 사회과학고등연구원을 거쳐 콜레주 드 프랑스의 교수가 됐다.

지구 규모의 경제 격차 연구에 대응, '세계체제론'을 제창했다

현대는 미국 패권의 쇠퇴 과정에 있다

자본주의를 원리로 하는 불평등한 시스템의 시대적인 변화를 파악하고자 했다

1930~

이매뉴얼 월러스틴

Immanuel Wallerstein ▶ P.220

미국의 사회학자로 뉴욕의 유대인 가정에서 태어난다. 제2차 세계대전 중에는 나치즘에 대항하는 수단에 대해 논의하는 정치의식이 높은 가정에서 자란다. 콜롬비아 대학에서 공부하고 석사 학위 논문에서는 메커니즘, 박사 과정에서는 아프리카 연구에 대응한다. 주요 저서 《근대세계 체제》는 1974년부터 2011년의 장기간에 걸쳐 총 4권으로 순차 간행됐다.

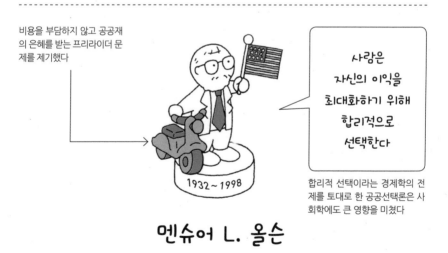

비용을 부담하지 않고 공공재의 은혜를 받는 프리라이더 문제를 제기했다

사람은 자신의 이익을 최대화하기 위해 합리적으로 선택한다

합리적 선택이라는 경제학의 전제를 토대로 한 공공선택론은 사회학에도 큰 영향을 미쳤다

1932 ~ 1998

멘슈어 L. 올슨

Mancur Lloyd Olson, Jr. ▶ P.233

미국의 경제학자로 미국의 노스다코타 출신. 노스다코타 주립대학, 영국 옥스퍼드 대학에서 공부하고 하버드 대학에서 박사 학위를 취득한다. 프린스턴 대학 준교수를 거쳐 1969년에 메릴랜드 대학에 자리를 얻고 66세의 나이로 사망하기까지 동 대학에서 근무했다. 1982년에 간행한 《국가의 흥망성쇠》는 세계 각국에서 번역되는 베스트셀러가 됐다.

미디어를 보내는 사람이 정보를 기호화하고(인코딩) 받는 사람이 해독하는(디코딩) 일련의 과정을 분석했다

미디어는 투명하지 않다

미디어에는 정보를 발신하는 쪽의 가치관과 이데올로기가 다분히 포함되어 있다

슈트어트 홀

Stuart Hall

▶P.242

컬추럴 스터디스의 연구자. 영국 통치하에 있었던 자메이카의 수도 킹스턴에서 태어난다. 영국으로 이주해서 옥스퍼드 대학에서 공부한다. 신좌익 활동에 참여하여 〈뉴 레프트 리뷰〉 창설에도 참가한다. 1964년부터는 버밍엄 대학 현대문화연구센터에 참가하여 동 센터를 대표하는 연구자로 활동한다.

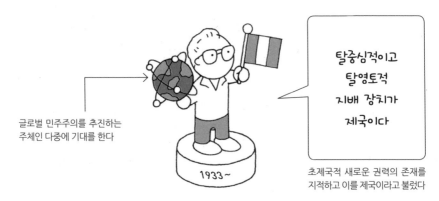

글로벌 민주주의를 추진하는 주체인 다중에 기대를 한다

탈중심적이고 탈영토적 지배 장치가 제국이다

초제국적 새로운 권력의 존재를 지적하고 이를 제국이라고 불렀다

안토니오 네그리

Antonio Negri

▶P.260~262

이탈리아 파도바 태생의 철학자이자 활동가로 파도바 대학 교수를 역임하기도 했다. 1979년 부당하게 테러리스트 혐의를 받아 체포·투옥된다. 프랑스 망명 후 귀국해서 다시 수감되었다가 2003년 자유의 몸이 된 이후에도 활발한 언론활동을 이어간다. 네그리의 이름을 세계에 알린 마이클 하트와의 공저《제국》은 재수감됐을 때 옥중에서 집필했다.

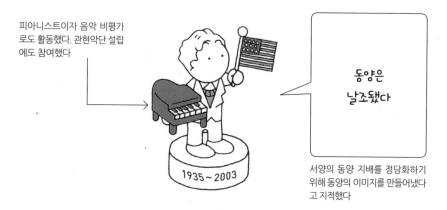

▶P.212

에드워드 사이드

Edward Wadie Said

팔레스타인계 미국인 문학연구자로 영국 위임 통치 시절 예루살렘에서 태어난다. 미국으로 이주해 하버드 대학에서 박사 학위를 취득, 콜럼비아 대학 교수가 된 외에 하버드 대학 등 복수의 대학에서 교편을 잡는다. 팔레스타인 해방기구 활동을 지원하고 자신도 팔레스티나 민족평론회의 의원을 14년간 맡는다. 주요 저서《오리엔탈리즘》에서 탈식민주의론을 확립했다.

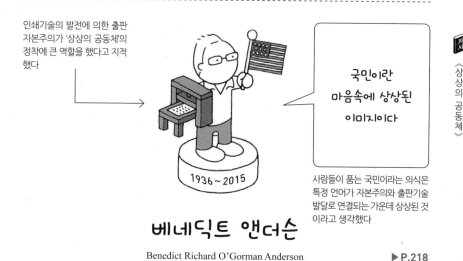

▶P.218

베네딕트 앤더슨

Benedict Richard O'Gorman Anderson

미국의 정치학자. 아일랜드인과 영국인 양친 아래에서 태어나 중국 쿤밍에서 유소년기를 보낸다. 영국의 케임브리지 대학에서 서양 고전을 전공한 후 미국 코넬 대학 대학원에서 인도네시아 연구를 한다. 코넬 대학의 교원이 되어 태국과 필리핀을 연구하고 2002년까지 동 대학에 근무한다. 79세에 머물고 있던 인도네시아에서 사망한다.

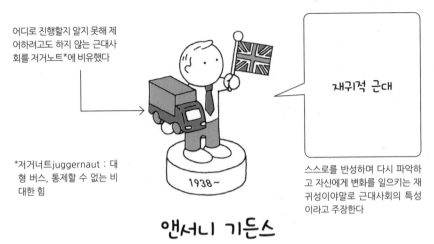

어디로 진행할지 알지 못해 제어하려고도 하지 않는 근대사회를 저거노트*에 비유했다

*저거너트juggernaut : 대형 버스, 통제할 수 없는 비대한 힘

재귀적 근대

스스로를 반성하며 다시 파악하고 자신에게 변화를 일으키는 재귀성이야말로 근대사회의 특성이라고 주장한다

1938~

앤서니 기든스
Anthony Giddens

▶ P.270~276

영국의 사회학자. 노동자 계급의 아들로 런던 교외에서 태어난다. 헐 대학에 입학해서 심리학과 사회학을 배우고 런던 스쿨 오브 이코노믹스 대학원에 진학한다. 처음에는 행정직을 목표했지만 레스터 대학 강사 책임을 계기로 연구자의 길에 들어선다. 30권 이상의 저작, 200개 이상의 논문을 집필하고 국제적으로 저명한 사회학자로 자리 잡는다. 작위를 수여받고 노동당의 귀족 원위원도 맡았다.

- -

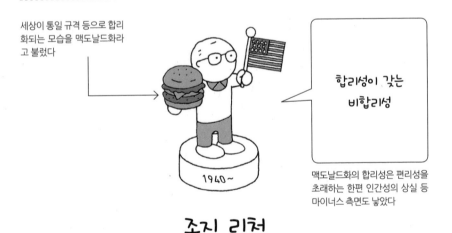

세상이 통일 규격 등으로 합리화되는 모습을 맥도날드화라고 불렀다

합리성이 갖는 비합리성

맥도날드화의 합리성은 편리성을 초래하는 한편 인간성의 상실 등 마이너스 측면도 낳았다

1940~

조지 리처
George Ritzer

▶ P.224

미국의 사회학자로 제2차 세계대전 후 번영을 맞이한 뉴욕에서 태어나 청년기를 보낸다. 코넬 대학에서 박사 학위를 취득하고 투렌 대학, 캔자스 대학을 거쳐 메릴랜드 대학 교수가 된다. 막스 베버의 합리화론에 입각해서 현대사회를 인식한 맥도날드화 개념은 학문의 세계뿐 아니라 저널리즘과 문명 비평에도 영향을 미쳤다.

여객기 객실 승무원을 대상으로 감정 노동을 연구했다

관리되는 마음

서비스업 종사자가 많은 현대에서는 감정을 조절하고 행동할 필요가 있는 노동이 넘쳐난다

알리 혹실드
Arlie Russell Hochschild
▶ P.230~232

미국의 사회학자로 보스턴에서 태어났다. 스와스모어 대학에서 찰스 라이트 밀스와 어빙 고프만의 저술을 접하고 사회학에 대한 관심이 높아졌다. 캘리포니아 대학 버클리교 대학원에 진학하여 아카데믹 세계의 여성 차별에 직면하고 여성의 지위 개선 운동에도 참가했다. 박사 학위 취득 후에는 버클리교에서 교직에 몸담는 한편 취업여성연구센터 소장 등도 역임한다.

커뮤니티의 결속이 약해져 있는 것을 사람들이 묵묵히 고독한 볼링을 즐기는 모습을 예로 들어 논했다

누군가의 장례식에 가지 않는다면 자신의 장례식에는 아무도 오지 않을 것이다

이 말을 인용함으로써 미국 전체에서 사회 관계 자본이 쇠퇴하고 있는 것에 경종을 울렸다

로버트 퍼트넘
Robert David Putnam
▶ P.248

미국의 정치학자. 뉴욕주 로체스터에서 태어나고 오하이오주에서 자란다. 예일 대학에서 박사학위를 취득, 미시간 대학에서 교편을 잡은 후 하버드 대학 교수가 된다. 소셜 캐피털(사회관계자본)의 대표적인 논자로서 이름을 떨친다. 미국의 지역사회 추이를 고찰한 《나 홀로 볼링》은 큰 반향을 불러일으켰다.

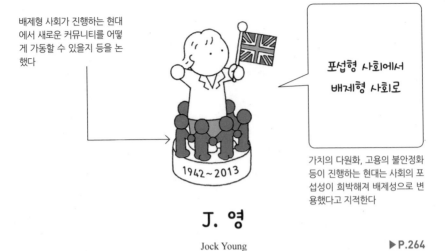

《배제형 사회》

배제형 사회가 진행하는 현대에서 새로운 커뮤니티를 어떻게 가동할 수 있을지 등을 논했다

포섭형 사회에서 배제형 사회로

가치의 다원화, 고용의 불안정화 등이 진행하는 현대는 사회의 포섭성이 희박해져 배제성으로 변용했다고 지적한다

1942~2013

J. 영
Jock Young
▶ P.264

영국의 사회학자이자 범죄학자. 스코틀랜드 미들로디언*에서 대형 트럭 운전수의 아들로 태어난다. 런던 스쿨 오브 이코노믹스에서 공부하고 박사 과정에서는 노팅힐의 약물 사용자를 연구 테마로 했다. 범죄 문제를 중심으로 연구, 발신을 이어가며 영국 정부의 배제적 범죄 통제 정책에 대한 비판도 쏟아냈다.

*미들로디언 : 미국 텍사스주 엘리스카운티에 있는 도시. 스코틀랜드의 옛 주

《도시문제》

병원과 학교 등 공공의 시설을 통해서 이루어지는 집합적 소비 과정에 주목했다

도시적인 것

1942~

'도시적인 것'으로서의 집합적 소비가 안고 있는 모순을 마르크스주의적 시점에서 재파악했다.

마뉴엘 카스텔
Manuel Castells
▶ P.210

스페인 태생의 사회학자로 라만차에서 태어난다. 바르셀로나 대학에서 공부했지만 프랑코 정권에 대항하는 레지스탕스 활동에 참가함으로써 망명을 할 수밖에 없게 돼 프랑스로 도망간다. 파리 대학에서 교직에 재임한 후에도 사회운동에 몸을 던진다. 거점을 미국으로 옮기고 나서는 캘리포니아 대학 버클리교, 남캘리포니아 대학에서 교수를 맡는다.

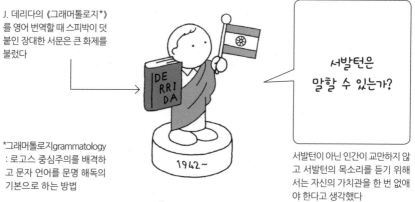

J. 데리다의 《그래머톨로지*》를 영어 번역할 때 스피박이 덧붙인 장대한 서문은 큰 화제를 불렀다

*그래머톨로지grammatology : 로고스 중심주의를 배격하고 문자 언어를 문명 해독의 기본으로 하는 방법

서발턴은 말할 수 있는가?

서발턴이 아닌 인간이 교만하지 않고 서발턴의 목소리를 듣기 위해서는 자신의 가치관을 한 번 없애야 한다고 생각했다

가야트리 C. 스피박

Gayatri Chakravorty Spivak ▶ P.226

인도 출신의 비교문학자. 19세에 콜카타 대학을 졸업하고 미국으로 건너가 코넬 대학 대학원에서 폴 드 만의 지도를 받는다. 텍사스 대학 오스틴교 등을 거쳐 콜롬비아 대학 교수를 역임한다. 서발턴(식민지 지배하에 놓인 사람들) 여성을 둘러싼 논쟁을 벌이다가 페미니즘, 마르크스주의, 탈구축주의를 논의의 기반으로 삼고 문학과 철학, 역사, 글로벌리즘 등 다양한 테마로 활동을 이어간다.

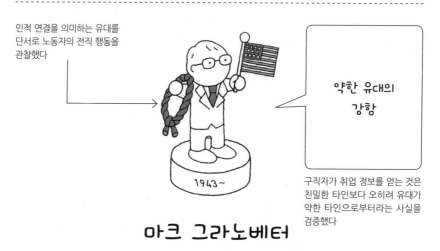

인적 연결을 의미하는 유대를 단서로 노동자의 전직 행동을 관찰했다

약한 유대의 강함

구직자가 취업 정보를 얻는 것은 친밀한 타인보다 오히려 유대가 약한 타인으로부터라는 사실을 검증했다

마크 그라노베터

Mark Granovetter ▶ P.217

미국의 사회학자로 하버드 대학에서 해리슨 화이트의 지도를 받고 박사 학위를 취득한다. 노스웨스턴 대학, 뉴욕 주립대학 스토닉브룩교, 존스홉킨스 대학에서 교편을 잡은 후 스탠포드 대학 교수에 취임한다. 경제사회학을 전문으로 하고 경제현상이 사회 구조에 매립되어 있다는 것에 주목한다.

어릴적부터 첼로를 배우고 학생 시절에는 프로를 지향했다

도시의 무질서는 생기 없는 계획보다 낫다

도시 사회에서 타인과 접촉하지 않는 폐쇄성이 심각해지는 가운데 도시 공간이 가진 다양성의 부흥에 기대감을 가졌다

1943~

리처드 세넷

Richard Sennett

▶ P.258

미국의 도시사회학자. 망명한 유대계 러시아인의 자식으로 시카고에서 태어난다. 시카고 대학 졸업 후 하버드 대학에 들어가 데이비드 리스먼과 E. H. 에릭슨에게 배운다. 예일 대학, 뉴욕 대학을 거쳐 런던 스쿨 오브 이코노믹스의 교수가 된다. 한나 아렌트와 위르겐 하버마스와 함께 공공성을 둘러싼 논의에서 중심 역할을 한다.

위험사회 집필 중에 체르노빌 원전폭발사고가 일어나 이 책이 이야기하는 리스크에 강하게 연결되는 사회적 문맥이 생겼다

현대 세계는 보이지 않는 리스크에 둘러싸여 있다

부와 권력에 의해서 리스크를 피할 수 있는 시대가 아니고 피해를 예측할 수 없는 사회가 됐음을 지적한다

1944~2015

울리히 벡

Ulrich Beck

▶ P.278

독일의 사회학자. 프랑크푸르트 대학 입학 후 뮌헨 대학으로 옮겨 동 대학에서 박사 학위를 취득한다. 베스트팔렌 빌헬름 대학 등을 거쳐 런던 스쿨 오브 이코노믹스 교수를 맡는다. 주요 저서 《위험사회》, 앤서니 기든스와 스콧 래시와의 공저 《성찰적 근대화》로 세계적으로 이름을 알린 사회학자가 된다.

시선에 대한 푸코의 논점을 관광이라는 현상의 고찰에 채용해보았다

관광은 언제나 보여주기식 성격을 갖는다

관광이란 다양한 전략과 매너를 통해서 만들어진 기호 위에 성립되는 영위이다

존 어리

John Urry　　　　　▶ P.222

영국의 사회학자로 런던에서 태어난다. 케임브리지 대학 크라이스트 칼리지에서 경제학 석사 학위를 취득한 후 사회학으로 진로를 바꾸어 박사가 된다. 1970년부터 랭커스터 대학에서 교직에 몸담는다. 연구 이력은 국가 권력과 혁명에 대한 이론에서 시작해 공간과 이동, 관광사회학, 나아가 환경사회학으로 폭넓은 분야를 망라한다.

개인 데이터를 수집·처리하는 기술에 주목하여 현대적인 감시가 갖는 관리와 지배의 양면을 논했다

비신체적 감시

현대에서는 사람들의 신체가 아니라 사람들의 흔적을 수집한 데이터가 감시의 대상이 되고 있다고 지적했다

데이비드 라이언

David Lyon　　　　　▶ P.268

캐나다의 사회학자로 영국의 에든버러에서 태어난다. 브래드퍼드 대학에서 박사 학위를 취득한 후 캐나다로 이주, 퀸스 대학 교수가 된다. 감시사회의 연구에서 이름을 떨치지만 동시에 자신의 연구의 출발점이었던 종교에도 문제 관심을 지속적으로 갖고 대표적 저작 《감시사회로의 유혹》을 비롯해 꾸준한 집필 활동을 이어갔다.

남성 간의 친밀한 유대가 키우는 성질에 대해 호모소셜이라는 단어로 고찰했다

남성의 호소소셜에 대한 욕망

남성 간의 호모소셜에는 여성을 지배하에 두거나 동성애를 혐오하는 가치관을 발견할 수 있다고 했다

이브 세지윅

Eve Kosofsky Sedgwick　　　　▶ P.236

미국의 문예비평가이자 젠더 섹슈얼리티 연구자. 오하이오주에서 태어난다. 예일 대학에서 영문학 박사가 되고 해밀턴 대학, 보스턴 대학 등에서 교원을 역임한 후 뉴욕 시립대학 교수가 된다. 남성과 여성, 이성애와 동성애 등의 이원론을 탈구축하는 시점에서 발언을 이어가고 퀴어 스터디스의 대표적인 논자가 됐다.

하위문화의 패션이나 음악 기호와 행동을 스타일이라고 부르고 그 의의를 해독했다

하위문화의 스타일에는 의미가 포함된다

하위문화를 이끄는 자의 행동에서 평준화에 대한 저항과 의미의 변형 등의 기호를 간파했다

딕 헵디지

Dick Hebdige　　　　▶ P.240

영국의 사회학자. 버밍엄 내학 현대문화연구센터에서 공부한다. 모즈, 펑크, 레게 등의 컬처에 지배적 문화에 대한 저항을 찾아내고 저서 《하위문화》는 대중적 컬추럴 스터디스 연구서로 자리 잡았다. 캘리포니아 예술대학 등을 거쳐 캘리포니아 대학 산타바바라교 교수를 역임한다.

남녀라는 이분법이 사회적으로 만들어지는 것인 이상 그것을 실천에 의해서 교란하는 것이 가능하다

섹스는 항상 이미 젠더이다

섹스(생물학적 성)라는 개념은 사회적으로 만들어졌다고 생각했다

주디스 버틀러

Judith P. Butler

▶ P.238

미국의 철학자이자 젠더 연구자. 오하이오주 클리블랜드에서 태어난다. 예일 대학에서 헤겔의 《정신현상학》에 관한 연구로 박사 학위를 취득했다. 자크 데리다와 미셸 푸코의 이론을 채용하면서 젠더 섹슈얼리티 연구 저작을 계속 발표한다. 이브 세지윅과 함께 1990년대 이후의 섹슈얼리티 연구의 견인자가 됐다.

세계의 사람들이 네트워크상으로 연결되어 문제 해결을 지향하는 다중의 가능성을 논했다

지구 규모로 민주주의를 실현할 가능성이 드러나고 있다

글로벌 제국에 저항하는, 글로벌 민주주의의 발흥을 주요 저서 《다중(Multitute)》에서 논했다

마이클 하트

Michael Hardt

▶ P.260~262

미국의 철학자이자 비교문학자. 남캘리포니아 대학에서 교직 등을 거쳐 듀크 대학 교수가 된다. 안토니오 네그리와 스피노자에 대해 논했다. 1994년에 네그리와의 첫 공저를 발표한다. 이후의 공저 《제국》, 《다중》으로 두 사람의 이름은 널리 알려지고 2009년에 공저 3부작을 결말짓는 《공동체》가 간행됐다.

베커

▶180

라벨링 이론

의 미 일탈은 사회의 레테르 붙이기에서 시작한다는 설
문 헌 《아웃사이더스》
메 모 머튼의 예언의 자기성취(p.136) 등을 토대로 발전한
개념. 훗날 구축주의(p.209)에 영향을 미쳤다

자기와
상호행위

범죄 등의 일탈행위에 대해 생각할 때 행위를 한 사람에게 주목하는 것이 아니라 그 사람에 대해 주위가 '그 사람은 일탈자이다'라는 라벨을 붙이는 과정(**라벨링**)에 주목하는 개념을 **라벨링 이론**이라고 한다. 우선 주목해야 할 것은 '무엇이 일탈(이상)인가'는 미리 정해진 것이 아니라 시대와 사회가 결정하는 것이라는 점이다.

아내 이외의 사람과 관계를 갖는 행위

현재	과거	일부다처제 국가
불륜이야! 가당치도 않아	첩인가. 고귀한 분이구나	일부다처제니까 당연하다
← 일탈 라벨링 있음	← 일탈 라벨링 없음	← 일탈 라벨링 없음

일탈은 행위 자체에 부속되어 있는 것이 아니라 주위의 의식 속에 있다

다시 말해 일탈(범죄와 불량)은 행위 자체에 부속되어 있는 것이 아니라 주위(사회)의 의식 속에 있다. 그리고 일탈 행동을 한 사람에 대해 주위가 일탈 라벨을 붙이면 그 사람은 일탈자의 아이덴티티를 구축한다. 그러면 주위는 점점 그 사람을 멀리하고 그 사람의 일탈은 더욱 폭주하게 된다. 사람들(사회)은 일탈로 간주되는 룰을 만들고 누군가에게 라벨을 붙이고 그것을 적용하는 식으로 일탈을 계속 생산해낸다.

나쁜 라벨을 붙이면 더 나빠진다

주위가 불량이라는 라벨을 붙인다
※ 덧붙이면 유럽에서 음주는 16~18세부터이므로 불량하지 않다

18세에 음주

불량하다는 아이덴티티를 구축한다

어째서 내가 불량하냐!

사람들이 멀리한다

점점 일탈한다

좋은 라벨을 붙이면 더 좋아진다

모범이라는 라벨을 붙인다

음음

항상 공부한다

모범생으로서의 아이덴티티를 구축한다

사람들이 모여든다

점점 모범적인 행동을 한다

고프만

자기와
상호행위

스티그마(낙인)

의 미 사회로부터 바람직하지 않다고 여겨지는 라벨(p.194)
문 헌 《스티그마》
메 모 기성의 가치관과 권위에 대한 재검토가 활발했던 1960
년대에 라벨링 이론(p.194)과 함께 논의됐다

라벨링(p.194)에는 좋은 이미지의 라벨과 나쁜 이미지의 라벨이 있다. 이 중 사회에서
바람직하지 않다고 여기는 나쁜 이미지의 라벨을 고프만은 **스티그마(낙인)**라고 불렀다.

좋은 사람

착실해!

성실해!

좋은 이미지의 라벨

무서워!

불성실해!

나쁜 사람

스티그마
사회로부터 일탈하고 있다고
여겨지는 이미지의 라벨을
스티그마라고 한다

고프만에 따르면 주위와 다른 특징과 속성을 가진 사람이 차별받는 경우 그 특징 자체가
스티그마는 아니다. 그 특징에 의해서 사람들이 기피하는 사회관계를 유발하는 원인이
스티그마다.

속성과 특징 자체가 스티그마는 아니다.
따라서 스티그마를 가진 자는 실재하지 않는다.
'낙인찍는다'란 사회 속에서 특정 속성과 특징을 차별하는 것

스티그마는 사회가 만들어낸다. 따라서 낙인찍힌 사람과 집단에 대한 편견을 사회가 정당화하고 있는 것이 많이 있다.

예를 들면 하나의 사회가 기독교 이외의
종교를 위험하다고 인정하는 일도 있다.
그렇게 하면 기독교 신자가 아니면
사회 생활이 어려워진다

고프만

드라마트루기(극작술)

의 미 사람은 사회 속에서 배우처럼 연기를 하고 있다는 시
점에서 사람들을 관찰, 고찰하는 방법
문 헌 《자아연출의 사회학》
메 모 고프만도 의미학파(p.141)의 일원이다

자기와
상호행위

우리들은 종종 타인에게 좋은 인상을 주기 위해 의도적으로 행동한다. 이러한 행동을
자기정시(自己呈示) 또는 **인상조작**이라고 한다. 이 행동을 연기라고 받아들이고 일상생
활을 무대라고 보고 연기를 하는 사람들을 고찰하는 것이 고프만의 **드라마트루기** 시점
이다.

드라마트루기 시점에서 본 학교

만약 선생과 학생이 그들답지 않은 행동을 하거나
복장을 하면 수업, 학교라는 장(場)이 성립되지 않는다

일상에서 사람 앞에서 하는 연기는 자기 뜻대로 자신을 보이고 싶은 개인적인 욕구만을 위한 것은 아니다. 상사와 부하, 선생과 학생 등 서로가 자신의 역할에 맞는 행동을 함으로써 직장과 수업 같은 자신이 속한 자리의 질서가 성립된다. 우리는 연기자로서 또한 연기를 받아들이는 관람객(audience)으로서 공동 작업하면서 사회를 성립시키고 있는 것이다.

의례적 무관심
엘리베이터 안과 같은
부자연스러운 상황에서
서로가 타인을 의식하지 않는 척
연기를 함으로써
그 자리의 평정을 유지한다

역할거리
아이의 가출과 같이
자신의 역할에 저항하는 것을
역할거리라고 한다

우리는 종종 혼잡한 지하철과 엘리베이터 안에서 매우 가까운 거리에 있는 타인을 의식하지 않는 것처럼 연기를 한다. 이러한 **의례적 무관심**도 일상의 질서를 유지하는 상호작용의 하나이다.

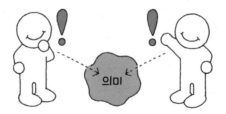

사물의 의미를 해석하고 그것에 기초한 상호행위를 함으로써 사회는 성립한다고 보는
드라마트루기 시점은 블루머의 상징적 상호작용론을 계승했다

인간이 역할을 상호 연기함으로써 사회를 성립시킨다는 드라마트루기 시점은 인간의 상호행위가 사회를 성립시키고 있다는 블루머(p.119)의 상징적 상호작용론(p.143)이 발전된 형태라고 할 수 있다.

하버마스

공공권
(公 共 圈)

의 미   시민이 공공적 토론을 하는 장
문 헌   《공공성의 구조 전환》
메 모   하버마스가 《공공성의 구조 전환》을 간행한 것은 1962
년. 1989년 영어로 번역되어 큰 반향을 일으켰다

공공성과
커뮤니티

하버마스는 18세기의 영국, 프랑스 등의 도시에서 확산된 커피하우스에 착안했다. 커피
하우스에서는 다른 계급의 사람들이 대등하게 논의하는 **공공권(시민적 공공권)**이 생겨
났다고 지적했다.

커피하우스에서의 토론은 신문 등의 활자 미디어로 소개되고 활자 미디어를 토대로 다시
커피하우스에서 토론이 거듭된다. 이 절차에 의해서 공권력에 비판적인 의견이 형성된
다는 흐름이 공공권이다. 공권력에 대항하는 힘을 갖지 않았던 공중이 공공권의 성립에
의해서 공권력에 대항하는 힘을 가질 수 있게 된 것이다.

하지만 미디어의 중심이 활자에서 텔레비전이 되자 상황은 일변한다.

공공방송은 일방적으로 정치 사상을 내보낸다

공공방송은 정부의 선전을 일방적으로 방송한다. 또한 민간방송은 스폰서 기업에 유리한 정보만 제공한다. 대중은 이들 정보를 단지 감사하게 여길 뿐이라고 하버마스는 말한다. 텔레비전의 보급으로 공공적 토론을 만들어내는 공공권은 쇠퇴하게 된다.

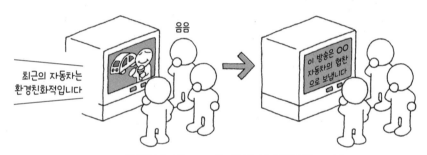

민간방송은 스폰서에게 유리한 정보만 일방적으로 내보낸다

인터넷의 보급으로 공공권과 비슷한 것이 부활했다. 다만 인터넷은 얼굴이 보이지 않는 사람들 사이에 무책임한 혼잣말(독백)이 떠다니는 장소에 지나지 않으며 공공적인 토론의 장이라고는 할 수 없다는 견해도 있다.

인터넷에서 공공권이 부활했다?

하버마스

커뮤니케이션적 이성

의 미　대등한 입장에서 대화를 통해 합의를 이끌어내는 힘
문 헌　《근대의 철학적 담화》
메 모　합의에 기초한 행위를 커뮤니케이션적 행위라고 한다

공공성과
커뮤니티

초기의 프랑크푸르트 학파(p.100)는 이성을 자연과 인간을 지배하기 하기 위한 도구에 지나지 않는다고 생각했다(도구적 이성 p.101). 하지만 프랑크푸르트 학파의 2세대에 해당하는 하버마스는 이성에는 **커뮤니케이션적 이성(대화적 이성)**도 있다고 주장한다.

상대에게 자신의 의견을 밀어붙이기 위한 도구로서의 이성이 아니라 상호 **합의**에 도달하는 대화를 위한 이성도 있다고 하버마스는 생각한 것이다. 다만 이러한 대화를 위해서는 발언 기회가 평등하게 주어진 공공권(p.200)과 같은 상황을 확보할 필요가 있다.

인간은 커뮤니케이션이라는 이성을 갖고 있다.
다만 이 이성을 발휘하려면 평등하게 무엇이든
이야기 나눌 수 있는 상황이 확보되어야 한다

202

하버마스

생활세계의 식민지화

의 미 대화에 의한 합의가 창출하는 세계(생활세계)가 정치와
경제시스템에 침식당하고 있다는 것
문 헌 《커뮤니케이션 행위 이론》
메 모 생활세계의 식민지화를 근대의 특징으로 봤다

공공성과
커뮤니티

하버마스는 커뮤니케이션(p.202)을 가장 이상적인 행위라고 생각했다. 그리고 일상적인
커뮤니케이션을 위해 발언 기회가 평등하게 주어진 세계를 **생활세계**라고 명명했다.

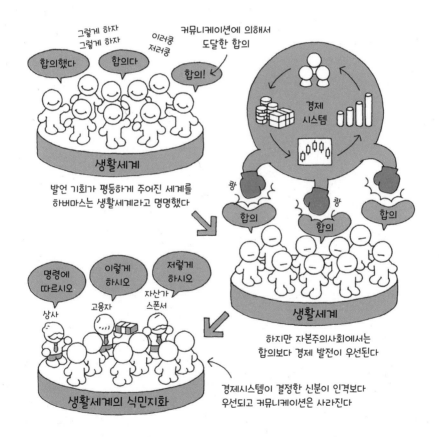

하지만 자본주의사회인 현대는 경제 구조(시스템)가 사람들의 행동과 지위를 자동으로
결정해 버리므로 커뮤니케이션에 의한 합의로 사물을 결정하는 기회는 좀처럼 없다. 이
러한 상황을 (경제)시스템에 의한 **생활세계의 식민지화**라고 하버마스는 불렀다.

알튀세르

이데올로기적 국가 장치

문 헌 《재생산에 대하여》

메 모 국가의 장치는 억압장치(군대, 경찰 등)와 이데올로기 장치(학교, 종교, 미디어 등)로 이루어진다

국가와 글로벌 리제이션

학교, 복지, 미디어, 종교 등의 제도는 개인의 사상과 이데올로기(p.45)를 국가에 적합하도록 육성하는 **이데올로기적 국가 장치**라고 알튀세르는 생각했다. 국가의 이데올로기적 장치로 만들어진 개인은 어느새 스스로 나서서 국가에 복종하고 결국에는 이데올로기를 만드는 쪽으로 돌아선다고 그는 말한다.

이데올로기적 국가 장치

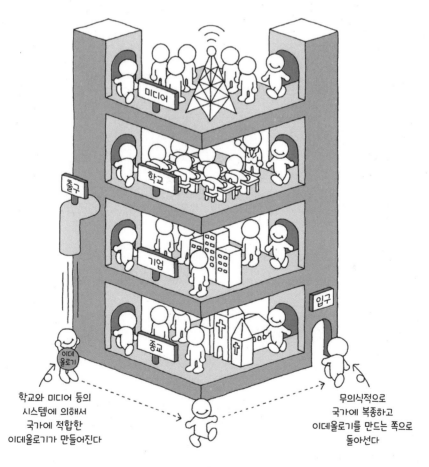

학교와 미디어 등의 시스템에 의해서 국가에 적합한 이데올로기가 만들어진다

무의식적으로 국가에 복종하고 이데올로기를 만드는 쪽으로 돌아선다

푸코

살리는 권력(생-권력)

의 미 인간의 생에 개입해서 관리하고자 하는 근대적 권력
문 헌 《성의 역사》, 《감옥의 탄생》
메 모 푸코는 살리는 권력이 성립된 19세기 이후야말로 전쟁과 대량살상이 많다는 역설을 지적했다

질서와
권력

18세기 이전 · 죽이는 권력
절대적인 권력자가
사형이라는 공포감을 조성해서
민중을 지배했다

19세기 이후 · 살리는 권력
사람들을 살리는 방향으로
권력이 행사되었다.
언뜻 사람들에게
친절해 보이지만
사람들을 자본주의 사회에
길들이기 위한
효율적인 관리 체제

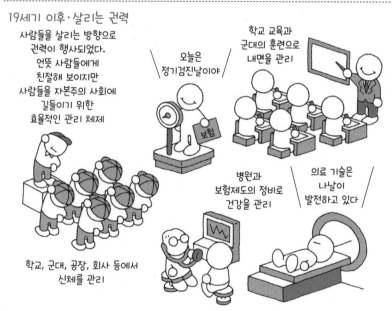

오늘은
정기검진날이야

보험

학교 교육과
군대의 훈련으로
내면을 관리

병원과
보험제도의 정비로
건강을 관리

의료 기술은
나날이
발전하고 있다

학교, 군대, 공장, 회사 등에서
신체를 관리

중세의 군주는 사람을 죽이는 권력(**사-권력**)으로 지배했다. 하지만 근대(자본주의)의 권력은 반대로 사람들을 살리는 **권력(생-권력)**이라고 푸코는 말한다. 살리는 권력은 학교 교육이나 군대 훈련에 의해서 사람들을 효율적으로 조교(調敎)하고 또한 의료와 보험 등을 정비해서 사람들이 보다 건강하게 살 수 있도록 관리한다. 사람들의 신체와 생명을 '살리는' 방향으로 권력이 행사되고 있는 것이다.

푸코

> ▶179

파놉티콘

의　미　감옥에 이용되는 일망 감시장치
문　헌　《감옥의 탄생》
메　모　파놉티콘은 형무소의 열악한 환경을 개선하기 위해
제러미 벤담(1748~1832)이 고안한 시스템

질서와
권력

근대주의(자본주의 사회)의 권력은 지배자가 위에서 강압하는 구조가 아니라고 푸코는 생각했다. 그에 따르면 근대사회의 권력은 사람들이 사회생활 속에서 스스로 규율에 따라가는 구조로 되어 있다. 이러한 권력을 그는 **파놉티콘**(일망 감시장치)이라는 감옥에 비유한다.

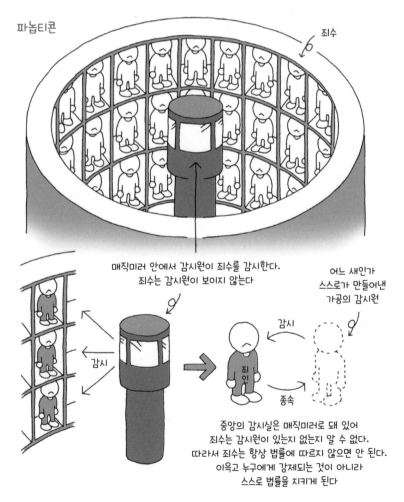

파놉티콘

죄수

매직미러 안에서 감시원이 죄수를 감시한다.
죄수는 감시원이 보이지 않는다

어느 새인가
스스로가 만들어낸
가공의 감시원

감시

감시

죄인

감시

종속

중앙의 감시실은 매직미러로 돼 있어
죄수는 감시원이 있는지 없는지 알 수 없다.
따라서 죄수는 항상 법률에 따르지 않으면 안 된다.
이윽고 누구에게 강제되는 것이 아니라
스스로 법률을 지키게 된다

파놉티콘과 같이 항상 감시되고 있다는 의식으로 인해 스스로 나서서 법률에 순종하게 되는 구조는 감옥에 한하지 않고 회사와 학교, 병원 등 일상생활의 모든 곳에 침투했다.

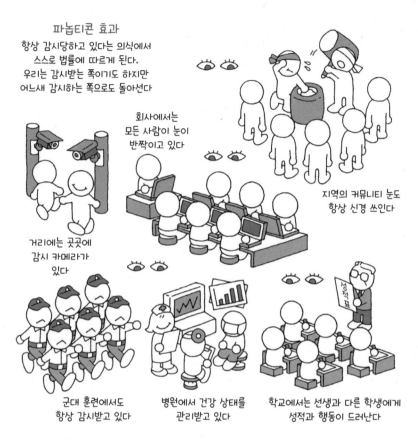

파놉티콘 효과
항상 감시당하고 있다는 의식에서 스스로 법률에 따르게 된다. 우리는 감시받는 쪽이기도 하지만 어느새 감시하는 쪽으로도 돌아선다

회사에서는 모든 사람이 눈이 반짝이고 있다

지역의 커뮤니티 눈도 항상 신경 쓰인다

거리에는 곳곳에 감시 카메라가 있다

군대 훈련에서도 항상 감시받고 있다

병원에서 건강 상태를 관리받고 있다

학교에서는 선생과 다른 학생에게 성적과 행동이 드러난다

일상의 **파놉티콘 효과**에 의해서 사람들은 어느새 자본주의 사회의 모순에 의문을 갖지 않게 된다. 그리고 자신들과는 다른 가치관을 갖는 인물을 이물(異物)로서 배제하게 된다고 푸코는 말한다.

위험한 사람!

그건 틀렸어! 모두 눈을 떠라!

사람들은 무의식중에 관리, 감시하는 쪽에 있다

キテューズ

구축주의
(構 築 主 義)

의 미 사회문제는 그 존재의 지적으로 사실이 된다는 개념
문 헌 《사회문제의 구축》(스펙터/키츄스)
메 모 구축주의는 베커의 라벨링 이론(p.194)에서 발전했다.
이외에 버거(p.181), 루크만(p.13) 등이 있다

사회이론

아동학대와 도메스틱 바이얼런스(가정 폭력, 남녀(배우자) 간 폭력), 성희롱 등이 사회
문제가 되고 있다. 하지만 50년 전에는 이러한 문제는 존재하지 않았다. 이것이 문제가
된다는 인식이 사람들에게 없었기 때문이다.

사회의 문제는 사전에 객관적으로 존재하고 있는 것은 아니다. 사람들이 그것을 문제라고
이야기했을 때 그 사실은 생기는 거라고 스펙터(1943~)와 키츄스는 말한다.

키츄스 등과 같이 사실이란 언어에 의해서 표현되어야 비로소 구축된다고 생각하는 입장을 **(사회)구축주의**라고 한다. 설령 문제가 일어났다고 해도 누군가가 언어로 표현하지 않는 한 그것은 현실이 아니다.

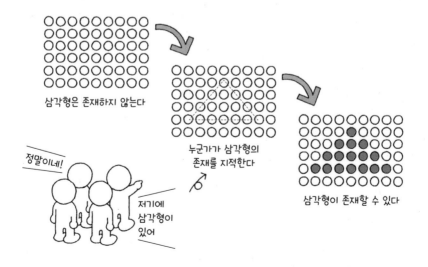

카스텔

공공성과
커뮤니티

집합적 소비

의 미 생활 기반으로서 집단에서 지속적으로 소비되고 있는
서비스
문 헌 《도시문제》
메 모 대의어는 개인적 소비(개인이 사서 개인이 그것을 소
비하면 없어지는 서비스)

인구가 증가해 도시화가 진행하면 도로, 공원, 학교, 병원 등의 정비를 서둘러야 한다.
이들 생활 기반은 대가를 지불하지 않아도 지속 사용(소비)하는 것이 가능하지 않으면
안 된다. 따라서 시장만으로 계속 공급하는 것이 어려워진다. 그래서 국가가 담당하게
된다.

집합적 소비
생활 기반으로서 대가를 지불하지 않아도 집단이 지속 소비할 수 있는 서비스

전기·가스·
수도 등

관공서·병원·학교, 공공의
시설·주택 등

도로·공원
공공설비 등

개인적 소비
개인이 사서 소비하면
없어지는 서비스

이러한 서비스를 **집합적 소비**라고 부른다. 카스텔은 도시화란 소비 중심이 개인적 소비에서 집합적 소비로 향하는 과정이라고 생각했다. 집합적 소비가 증가하면 집합적 소비를 담당하는 국가는 시민의 일상생활을 일원적으로 관리·지배할 수 있다.

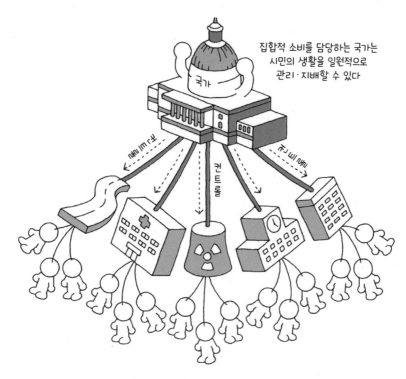

이러한 국가 권력이 폭주하면 그래스 루츠(grass roots, 일반 민중, 지방 농민, 민초)의 적극적인 사회운동(**도시사회운동**)이 필요하다고 카스텔은 주장했다.

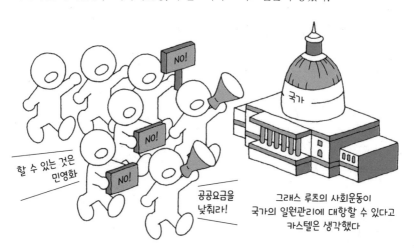

► 185

사이드

오리엔탈리즘

의　미　동양을 후진적이라고 간주하는 서양 중심주의 견해
문　헌　《오리엔탈리즘》
메　모　반대로 서양에 대해 갖는 비인간적 등의 견해는 옥시
덴탈리즘이라고 부른다

국가와
글로벌
리제이션

근대서양사회는 동양(오리엔탈) 사회를 자신들과는 다른 존재로 간주했다. 이 시선은 서양을 문명의 중심으로 보고 동양을 지배 대상으로 삼는 개념을 포함한 것이었다. 사이드는 이 서양중심주의적 자세를 **오리엔탈리즘**이라고 부른다.

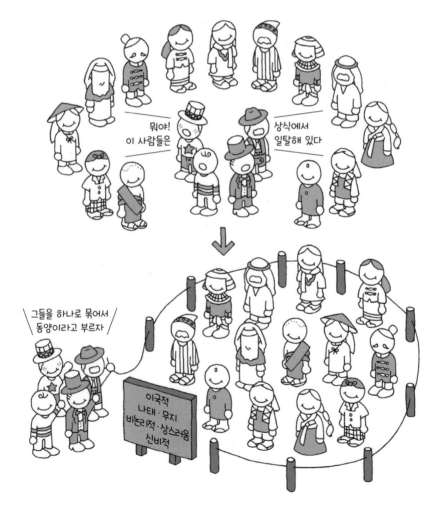

오리엔탈리즘적 시선은 나태하고 호색을 즐기며 비논리적이라는 이미지로 동양을 인식한다. 이 견해는 서양이야말로 세계를 바르게 이해할 수 있고 동양도 잘 이해하고 있다는 개념으로 이어져 동양의 식민지 지배를 정당화하게 됐다.

서양과 동양이라는 구분 자체는 자연스러운 것이 아니라 서양이 자신들의 문화와 가치관을 중심으로 만들어낸 구분에 지나지 않는다.

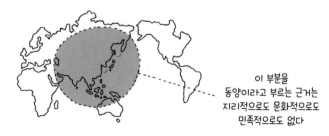

부르디외

문화자본

▶182

의　미 　사회적인 입장에 유리·불리를 초래하는 금전 이외의
자본
문　헌 　《구별짓기》
메　모 　근대는 계급분화한 사회이며 취미는 출신 계급과 결
부된다고 부르디외는 설명했다

문화와
소비사회

자본이라고 하면 보통은 돈이 연상된다. 하지만 인간이 사회생활을 하는 데 있어서 유익한 것은 돈만은 아니다. 지식, 습관, 인간관계, 취미 등도 그 사람의 입장에 이익·불이익을 초래하는 자본이다. 부르디외는 이러한 돈 이외의 자본을 **문화자본**이라고 부른다.

문화자본의 예

지식

취미

인간관계

습관

예를 들면 음악은 정통 문화로서 사회적으로 높은 평가를 받고 있고 또한 감상하는 데는 일정한 교양이 필요하다. 이러한 취미의 경우 부모가 그러한 취미를 갖고 있냐 그렇지 않냐(자연히 그런 취미에 접할 수 있는가)에 크게 영향을 받는다. 문화자본의 유무는 본인의 노력이라기보다 자란 환경에 크게 좌우된다.

A군의 가정 습관은
주 1회 클래식 음악 감상

A군은 클래식이 좋아서
바이올린 연습을 시작한다

그렇게 해서 얻은 문화자본은 **❶ 객체화된 문화자본 ❷ 신체화된 문화자본 ❸ 제도화된 문화자본**의 3가지 구체적인 형태가 되고 그 사람의 사회생활에 유효하게 작용한다.

문화자본이 부모에서 자식으로 계승됨으로써 세대가 변해도 사회적인 지위가 재생산되는 것을 **문화적 재생산**이라고 부른다. 표면상으로는 평등한 능력주의가 강조되는 현대사회에서도 실제로는 본인의 능력만으로는 얻을 수 없는 정통적인 문화라는 숨겨진 자본이 맥맥이 이어지고 있다.

부르디외

아비투스

의 미 사람이 일상 속에서 몸에 익히는 심적 경향
문 헌 《구별짓기》
메 모 아비투스는 문화자본(p.214)의 심적 경향에 주목한 개념. 종종 구조주의(p.159)의 심적 경향과 비교된다

문화와
소비사회

인간은 일상적인 영위 속에서 본인도 의식하지 못하는 사이에 언어 사용과 생각, 센스와 행동 등을 몸에 익힌다. 부르디외는 인간에게 형성된 이들 심적 경향을 **아비투스**라고 부른다.

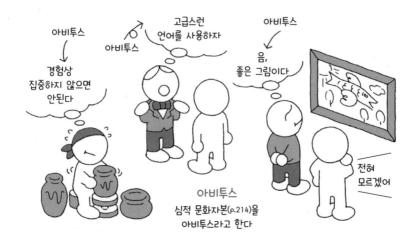

아비투스는 인간이 긴 기간에 걸쳐 무의식적으로 몸에 익히는 것이다. 어느 사회 계급과 특정 자리에 익숙해지기 위해서는 그 자리에서 공유되는 아비투스를 몸에 익히지 않으면 안 된다. 돈은 노력 여하에 따라 가질 수도 있지만, 가령 귀족의 아비투스는 유감스럽게 귀족이 아니면 손에 넣을 수 없다.

그라노베터

약한 유대

의 미 개인이 발전하는 데 도움되는, 그다지 친밀하지 않은 인간관계
문 헌 《일자리 구하기》
메 모 부모와 친척으로부터 문화자본(p.214)을 계승함으로써 부의 연쇄가 일어난다고 한 부르디외와는 시점이 다르다

공공성과 커뮤니티

그라노베터는 노동자들을 대상으로 현재의 직업을 갖게 된 경위를 조사했다. 그 결과 부모와 친척(**강한 유대**)보다 약한 관계(**약한 유대**)에 있는 사람으로부터 얻은 정보가 직장을 얻는 데 유익하다는 사실을 알게 됐다.

파티에서 한 번 대화한 사람에게 취직 도움을 받았다

명함을 교환한 사람에게 지금 직장을 소개받았다

아는 사람의 아는 사람의 아는 사람에게 직장을 소개받았다

자신을 성장시키는 것은 부모나 친척이 아니라 약한 유대

강한 유대관계에 있는 사람은 자신과 같은 정보와 교환 범위를 가진 일이 많은 반면 약한 유대관계에 있는 사람은 자신과는 다른 정보를 감지하고 있는 경향이 강하다. 미지의 정보를 얻어 자신이 성장하려면 약한 유대가 중요하다는 것이다.

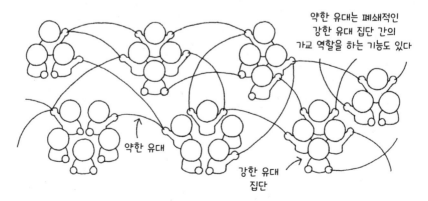

약한 유대는 폐쇄적인 강한 유대 집단 간의 가교 역할을 하는 기능도 있다

약한 유대

강한 유대 집단

앤더슨

▶185

상상의 공동체

의 미 국가와 국민이라는 의식이 자본주의와 활자문화에 의해서 생겨났음을 나타내는 말

메 모 19세기에는 국민이라는 의식을 지배자가 이용해서 자신을 정통화하려는 공정 내셔널리즘이 생겨난다

국가와 글로벌 리제이션

앤더슨은 **국가**와 **국민**이라는 개념을 고찰했다. 예를 들면 한국인이란 무엇을 가지고 한국인이라고 하는 걸까?

홍길동은 미국에 사는 한국인

태생도 성장도 미국인 홍길동

존은 한국인이 됐다

한국에 귀화한 미국 태생의 존

영국 국적을 가진 김윤호 씨가 노벨상을 받았습니다

같은 한국인으로서 기쁘네

영국 국적의 김윤호 씨

한국인의 조건은 인종도 주소도 태어난 장소도 국적도 아니다?

앤더슨에 따르면 국가와 국민이라는 개념은 오래전부터 존재했던 것은 아니다.

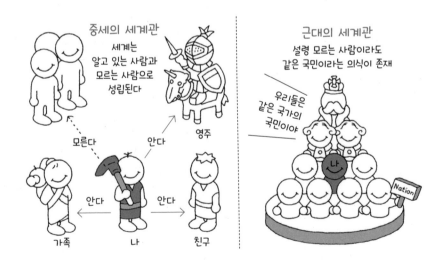

중세의 세계관

세계는 알고 있는 사람과 모르는 사람으로 성립된다

영주

모른다   안다

안다   안다

가족   나   친구

근대의 세계관

설령 모르는 사람이라도 같은 국민이라는 의식이 존재

우리들은 같은 국가의 국민이야

나

Nation

중세 이전의 사람들은 자신들의 영주라는 존재는 알아도 영주들이 중앙에서 통괄해서 국가라는 형태를 이루고 있다는 의식은 없었다.

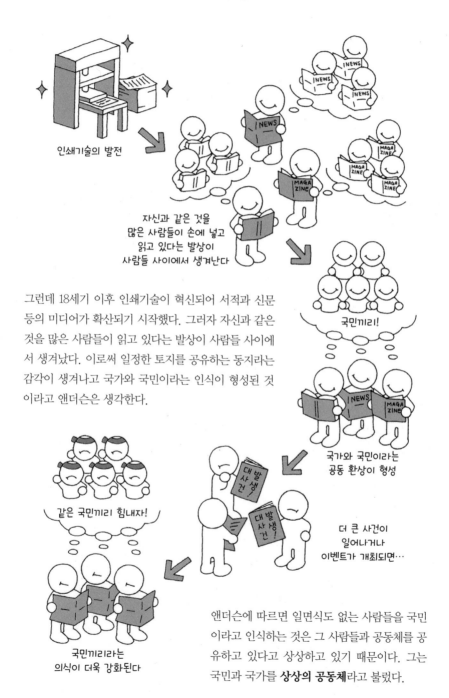

인쇄기술의 발전

자신과 같은 것을 많은 사람들이 손에 넣고 읽고 있다는 발상이 사람들 사이에서 생겨난다

그런데 18세기 이후 인쇄기술이 혁신되어 서적과 신문 등의 미디어가 확산되기 시작했다. 그러자 자신과 같은 것을 많은 사람들이 읽고 있다는 발상이 사람들 사이에서 생겨났다. 이로써 일정한 토지를 공유하는 동지라는 감각이 생겨나고 국가와 국민이라는 인식이 형성된 것이라고 앤더슨은 생각한다.

국민끼리!

국가와 국민이라는 공동 환상이 형성

같은 국민끼리 힘내자!

대 발 견 사 생

대 발 사 견 생

더 큰 사건이 일어나거나 이벤트가 개최되면…

국민끼리라는 의식이 더욱 강화된다

앤더슨에 따르면 일면식도 없는 사람들을 국민이라고 인식하는 것은 그 사람들과 공동체를 공유하고 있다고 상상하고 있기 때문이다. 그는 국민과 국가를 **상상의 공동체**라고 불렀다.

월러스틴

세계시스템론

의 미 지구 규모로 확산되는 분업 체제에서 경제 격차를 받 아들이는 역사 이론

메 모 세계시스템에서 압도적인 우위에 서는 것을 헤게모니 (p.95)를 잡는다고 한다

국가와 글로벌 리제이션

선진국과 발전도상국의 경제 격차는 **남북 문제**라고 불린다. 이러한 문제를 파악하기 위해서는 국가라는 단위가 아니라 전 세계를 하나의 큰 시스템으로 보는 시점이 필요하다. 월러스틴은 지구 규모의 세계시스템을 중심·반주변·주변의 3개 지역으로 나누고 고찰했다.

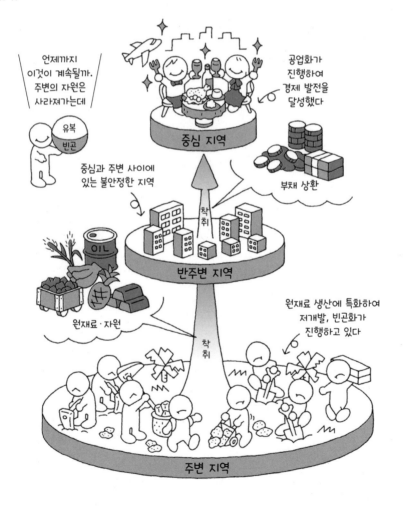

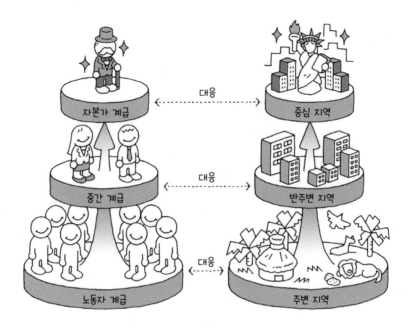

중심에 해당하는 지역은 주변 지역이 생산하는 원재료를 착취해서 윤택해진다. 즉 중심·반주변·주변은 마치 자본가 계급·중간 계급·노동자 계급에 상당한다. 월러스틴은 세계를 국제적인 분업체제로 받아들이고 이를 세계시스템이라고 불렀다(**세계시스템론**). 국가를 단위로 하는 게 아니라 세계 규모로 자본주의가 움직이고 있다고 생각하면 발전도상국의 빈곤과 선진국의 경제 발전 관계가 보인다.

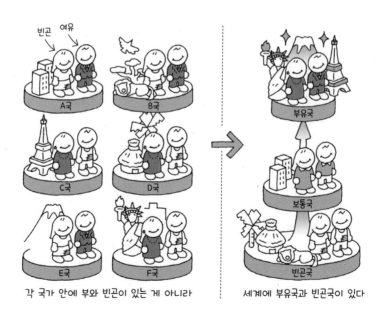

각 국가 안에 부와 빈곤이 있는 게 아니라　　세계에 부유국과 빈곤국이 있다

어리

관광객의 시선

의 미 관광객이 관광지를 보는 특유한 행동 양식
문 헌 《관광객의 시선》
메 모 어리의 논의는 사물을 보는 방식(시선)은 사회적으로 만들어진다고 하는 푸코의 시선론에 기초로 두고 있다

문화와
소비사회

관광객은 자신이 이미 갖고 있는 그 토지의 이미지를 관광지에서 찾으려고 한다. 어리는 이것을 **관광객의 시선**이라고 불렀다. 또한 관광객을 받아들이는 쪽도 관광객의 시선을 의식함으로써 자신들의 전통과 문화를 재인식할 수밖에 없다. 결과적으로 관광객의 시선이 요구하는 대상물을 계속 만들어낸다.

나아가 관광지가 글로벌화하면 원래 그 토지에 없었던 건조물과 풍경을 관광객의 시선에 맞춰 새롭게 구축하는 사태도 일어난다. 관광지는 과잉으로 연출되고 전통과 문화는 물론 관광지 사람들의 아이덴티티도 바뀐다.

리처

▶186

맥도날드화

의　미　매뉴얼화에 의해서 사회가 합리화되어 가는 것
문　헌　《맥도날드 그리고 맥도날드화》
메　모　20세기 후반의 맥도날드화는 전 세계에 미국화를 침
투시키는 것이기도 했다

문화와
소비사회

맥도날드로 대표되는 패스트푸드점은 효율성 높은 합리적 시스템을 추구하고 있다. 리처는 이러한 규격화, 매뉴얼화 경향을 **맥도날드화**라고 부르고 지금은 사회의 모든 영역에서 맥도날드화가 진행하고 있다고 지적한다.

맥도날드의
4가지 특징

❶ 계산 가능성
한눈에 알 수 있는 양과
가격과 제공되기까지의 시간

❷ 예측 가능성
매뉴얼화된 운용과 접객으로
언제 어디에서나
누구라도 같은 메뉴와
서비스를 제공

❸ 효율성
매뉴얼화된 운용과 접객으로
효율적으로 상품을 제공

❹ 컨트롤성
매뉴얼화된 접객으로
종업원을 컨트롤한다.
또한 셀프 서비스와
최소한의 설비로
고객의 동향을 컨트롤

반환구

맥도날드화에 의해서 언제 어디서나 균질의 서비스를 받을 수 있어 편리성은 크게 향상됐다. 그러나 한편으로 합리성의 비합리성(합리성이 오히려 비합리성을 낳는 것)이 생길 뿐 아니라 사람들이 풍부한 인간성을 잃어버리는 것에 리처는 경종을 울렸다.

맥도날드화는 새로운 변화라기보다 산업혁명 이후 쭉 이어져온 합리화의 일환이라고 리처는 말한다. 일찍이 베버(p.22)는 사회의 합리화(p.69)를 피할 수 없다고 주장했다. 그렇다면 사회 전체의 맥도날드화는 피할 수 없다.

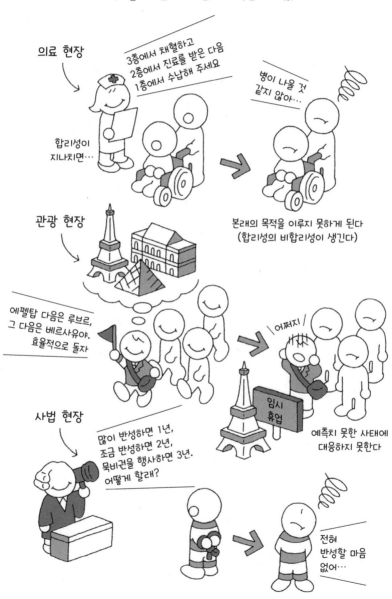

의료, 교육, 경제, 정치, 레저 등
맥도날드화는 사회 전체로 확산되고 있다

▶189

서발턴

의 미	권력 구조에서 소외된 사람들(단순히 노동자와 소수자를 말하는 게 아니라 이러한 문제에 관여할 수 없는 사람들)
문 헌	《서발턴은 말할 수 있는가?》
메 모	서발턴은 원래 그람시(p.27)의 《옥중수고》에 등장하는 단어

젠더와
섹슈얼리티

서발턴(종속적 사회집단)은 식민지 지배의 통치하에 놓인 사람들을 표현하는 말로 사용돼 왔다. 인도 출신의 스피박은 그러한 사람들 중에서도 특히 여성에 주목해서 서발턴*이라 는 단어를 이용한다.

*서발턴subaltern : 여성이나 노동자, 이주민과 같이
권력의 중심에서 배제되고 억압을 당하는 사람

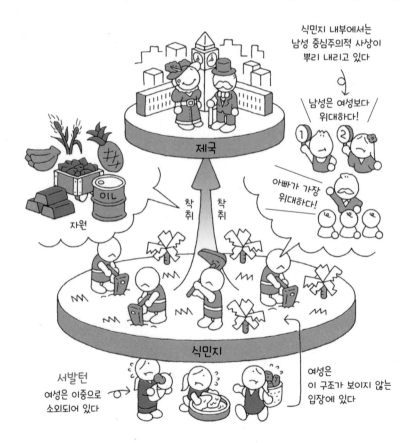

식민지 사람들은 세계시스템(p.221)이라는 구조 속에서 그렇지 않아도 착취당하는 입장에 놓여 있다. 그런데 식민지의 내부에서는 남성 중심주의적 성질도 뿌리 내렸다. 서발턴의 여성들은 이중으로 소외된 존재인 것이 현상이다.

강을 없애는 공사에 대해 인도 여성들이
환경 파괴라는 이유로 저항한 적이 있는데
단순한 게으름뱅이 취급을 받은 예가 있다.
서발턴인 여성은 저항해도
그것이 저항이라고 인식받지 못한다

남편이 죽자 아내였던 여성은
남편의 유골과 함께 분신자살하는
인도의 풍습을 사티라고 한다.
이것을 영국인이 폐지하고자 했을 때
영국인에게 그녀들은 구습에서 구하는 여성들이며
인도의 남성에게 사티를 지키는 것이
영국 제국주의에 저항하는 인도 여성이었다.
어느 입장에도 여성 자신의 의견은 반영되지 않았다

그녀들은 자신들이 놓여 있는 입장을 객관적으로 파악하기 위한 자리에 접근할 수 없다.
또한 그녀들 자신의 방법으로 저항했다고 해도 그것이 저항이라고 인식되지도 않는다.
나아가 스피박은 서발턴 당사자가 아닌 사람이 서발턴 당사자를 지지하거나 그들의 의
견을 대변하는 것이 얼마나 어려운지를 지적한다.

일리치

▶179

그림자 노동

의 미 전업주부의 가사는 임금이 지불되지 않는 노동(언페이드 노동)이지만 임금노동에 의해서 성립되는 생활과 사회에 있어서 불가결한 것

문 헌 《그림자 노동》

젠더와
섹슈얼리티

노동자
노동으로 간주된다

언페이드 워크
노동으로 간주되지 않는다

대가 있음

급여

대가 없음

0원

자본주의 사회에서는 임금이 지불되지 않는 노동은 노동으로 간주받기 어렵다

노동의 대가로서 임금이 지불되는 것이 자본주의 사회의 기본이다. 따라서 자본주의 사회에서는 임금이 지불되지 않는 노동(**언페이드 워크**)은 노동으로 간주되기 어렵다. 이러한 무상노동을 일리치는 그림자 노동(**섀도 워크**)이라고 부른다.

다녀오세요

다녀올게

그림자 노동

근대의 가족은
남성의 임금 노동을 위해
여성이 가사를 담당함으로써
성립됐다

근대의 가족은 남성이 임금 노동을 하기 위해 여성이 가사 노동을 담당함으로써 성립해 왔다. 그런데 이러한 **성별 역할 분업**은 여성이 남성에 대해 종속적인 입장에 놓이는 결과로 이어진다.

일리치는 그림자 노동이라는 개념을 이용해서 남녀의 불평등을 백일하에 드러냈다.

혹닐드

▶187

세컨드 시프트

의 미 맞벌이라도 가정에서는 여성만 가사 노동 부담을 지는 것을 나타내는 말

문 헌 《세컨드 시프트》

메 모 이에 대해 직업 노동을 퍼스트 시프트라고 한다

젠더와
섹슈얼리티

근대의 가족은 남성이 임금 노동을 하고 여성이 가사 노동을 담당하는 방식으로 성립되어왔다. 그런데 성별 역할 분담 관습은 가령 부부가 맞벌이를 한다고 해도 여성이 막상 가정으로 돌아가면 가사 노동에 매달릴 수밖에 없다. 여성은 임금이 지불되는 노동인 **퍼스트 시프트** 바로 뒤에 가사 노동인 **세컨드 시프트**를 하는 처지에 놓였다. 이로 인해 고용자에게 여성은 다루기 힘든 존재로 여겨져서 남녀 고용의 불평등을 일으킨다고 혹실드는 말한다.

혹실드

감정노동

의 미　감정을 조절할 필요가 있는 노동
문 헌　《관리되는 마음》
메 모　감정노동에는 표층연기(표면상의 정중함)와 심층연기
(감정을 담은 행동) 2종류가 있다

자기와
상호행위

상점에서의 접객, 교육기관, 의료 등 현대사회는 대인 서비스가 필수인 직업으로 넘쳐
난다. 대인 서비스는 육체의 노동 이외에 감정 조절이 필요하다. 혹실드는 이러한 노동을
감정노동이라고 부른다.

표면적인 감정노동

마음에서 우러나오는 감정노동

감정노동에는 표면상의 정중함으로 끝나는 경우도 있는가 하면 진심 담긴 감정으로 대
하지 않으면 안 되는 경우도 있다. 특히 상대에게 깊은 공감을 가져야 하는 의료와 간호
전문직의 경우 노동자는 과도한 스트레스로 탈진하는 일이 있다(**번아웃**). 감정노동에는
진정한 충실감과 과도한 스트레스 2가지 측면이 있다는 것을 자각하는 것이 중요하다.

올는

질서와
권력

프리라이더

의 미 대가를 지불하지 않고 공적 서비스의 혜택을 받는 것
문 헌 《집단행동의 논리》
메 모 본래는 경제학 용어이지만 사회학의 기초적인 개념이
기도 하다

비용을 지불하지 않는 사람이 공적 서비스의 은혜를 받고 있는 것을 **프리라이더**라고 한다. 이른바 타인이 지불한 비용 위에 무임승차하는 상태이다. 가령 이 서비스의 소중함은 충분히 이해했다고 해도 인간은 눈앞의 합리성을 추구하기 때문에 자신만이 이익을 얻는 것을 선택한다.

프리라이더

티켓
없는데
무임승차
해야지

GAS

이 티켓
비싸지만
어쩔 수
없지

공공 서비스를
이용하기 위한
티켓(세금)

LIBRARY

POLICE

개인이 자신의 이익만을 추구한다면 사회 전체의 이익이 되지 않는다. 이러한 **사회적 딜레마**를 피하기 위해서는 사람들이 비용을 부담하고 싶어 하는 시스템을 어떻게 만들지가 열쇠가 된다.

서로
돕는
세금

공공세를
'서로 돕는 세금'이라는
이름으로 사용하자

세금을
내는 사람

세금을 내지
않는 사람

무임승차하고
있는지 아닌지
가시화하자

233

리오타르

질서와
권력

포스트모던

▶ 178

의 미 '포스트=후, 모던=근대'로 근대의 후라는 의미
문 헌 《포스트모던의 조건》
메 모 이에 대해 기든스와 벡은 현대는 아직 근대의 틀 안에
있다고 생각했다(재귀적 근대, p.276).

자본주의 경제의 발달과 과학기술의 진보, 민주주의의 정착에 의해서 세계는 **근대(모더
니티)**를 맞이했다. 그리고 근대화가 진전되면 봉건적인 오랜 질서는 새로이 다시 칠해
져서 세계에 보편적인(전 인류에 공통된) 정의와 행복을 가져다줄 거라고 믿었다.

옛날
민중에게
자유는 없었다

전 인류
공통의
행복

근대화를
추진하면
모든 것이
잘 된다!

근대(모던)
자본주의 경제와 과학기술의 발전으로
민중은 자유를 손에 넣었다.
그들은 오래되고 잘못된 시대로부터
바른 시대로 이행한다고 믿었다

민중은 이대로 근대적인 자치관을
추구하면 보편적인 정의와 행복을
얻는다고 믿었다

홀로코스트

대량 살상 무기

환경 파괴

1970년대에
탄생한 사상 조류

포스트모던
(근대의 후)

가치관을
통일하고자 했을 뿐
실제는…

하지만 핵무기의 개발과 대규모 환경 파괴가 진행하여 근대화의 한계가 드러나자 사람들이 근대화에 맡겼던 보편적인 가치를 의심한다. 리오타르는 이것을 **큰 이야기의 종언**이라고 부른다. 현대는 차이와 다양성을 서로 인정하고 불확정한 것을 긍정하고 그것들이 공존할 길을 모색하고자 하는 **포스트모던**(근대 이후) 시대라고 그는 말한다.

세지윅

호모소셜

의 미 동성 간의 성적(性的)이 아닌 관계성이나 유대
문 헌 《Between Men》
메 모 여성의 교환이 체제를 유지해왔다고 하는 레비 스트로
스의 설(p.156)을 계승했다

젠더와
섹슈얼리티

호모섹슈얼은 동성 간의 성적 관계를 나타내는 언어로 이용되지만, 이에 대해 **호모소셜**
이란 동성 간의 성적이 아닌 유대를 나타내는 말이다. 세지윅은 남성 간의 호모소셜에는
단순히 성적(性的) 여부를 뛰어넘는 문제가 있다는 것을 발견했다.

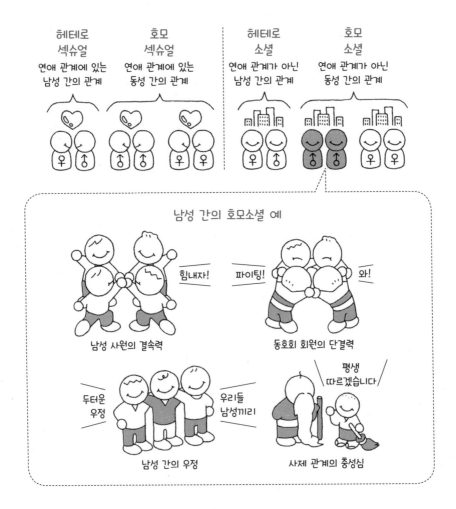

헤테로
섹슈얼
연애 관계에 있는
남성 간의 관계

호모
섹슈얼
연애 관계에 있는
동성 간의 관계

헤테로
소셜
연애 관계가 아닌
남성 간의 관계

호모
소셜
연애 관계가 아닌
동성 간의 관계

남성 간의 호모소셜 예

힘내자! 파이팅! 와!

남성 사원의 결속력

동호회 회원의 단결력

두터운
우정

우리들
남성끼리

남성 간의 우정

평생
따르겠습니다

사제 관계의 충성심

남성 간의 호모소셜 관계가 구축되는 가운데 종종 여성은 남성들에게 남성애의 대상으로만 존재한다. 세지윅은 그러한 호모소셜의 유대 속에 **misogyny(여성 혐오·멸시)**와 **homophoria(동성애자 혐오)** 또한 **paternalism(가부장주의)**적 여성 지배의 구조가 포함되어 있다고 지적했다.

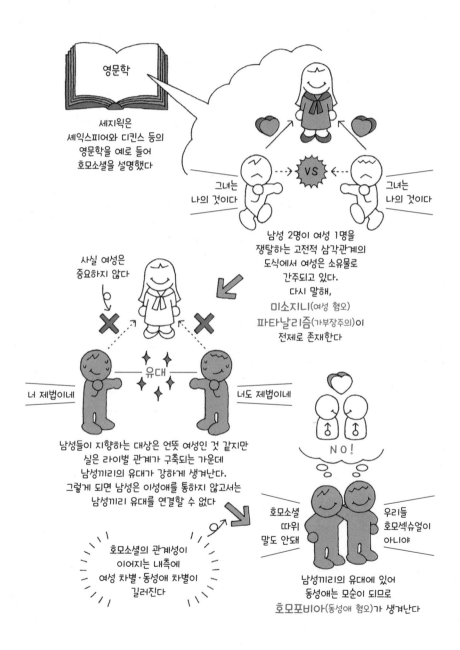

버틀러

젠더

▶193

의 미 사회적·문화적으로 만들어진 성차(性差)
문 헌 《젠더 트러블》
메 모 버틀러의 젠더론은 《성의 역사》 등에 등장한 푸코(p.179)
의 이론을 근거로 하고 있다

젠더와
섹슈얼리티

섹스
생물학적·과학적 성차
자연계에 선천적으로 존재한다고
여겨지는 성차

젠더
사회적·문화적 성차
선천적 성질이 아니라
인위적으로 만들어진 성차

젠더에는 뒤에 숨은 의미가 있다

여성은 육아·가사가 전문

여성은 친절하다

여성은 감정적

버려주세요

(숨은 메시지)
여성은 사회에
나와서는 안 된다

(숨은 메시지)
여성은 남성에게
반항해서는 안 된다

(숨은 메시지)
여성은
논리적이지 않다

모두 사회적으로 만들어진 관념에 불과하다

생물학적인 성차를 **섹스**라고 부르는 반면 사회적·문화적으로 만들어진 성차를 젠더라고
부른다. **젠더**에는 '여성은 사회에 나가서는 안 된다'는 사회적 메시지를 포함하는 경우가
많이 있다. 젠더라는 개념을 알면 '여성다움'이나 '여성은 가사가 전문'이라는 발상이 남성
우위 사회에서 날조된 것에 지나지 않는다는 사실이 보인다.

그리고 생물학적 성차인 섹스 또한 그 시점에는 사회적으로 만들어진 요소가 다분히 포함되어 있다. 가령 섹스의 '남/녀'라는 단순한 양분법은 섹슈얼 마이너리티가 고려되어 있지 않다.

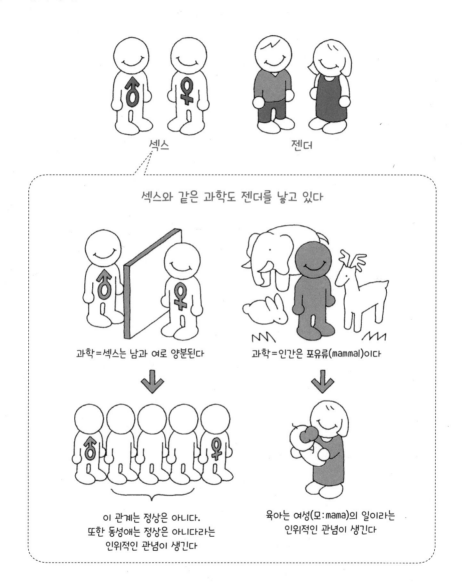

또한 조류와 파충류 등이 암컷수컷의 구별에 착안한 명칭이 아닌 데 대해 인간의 속성인 포유류에는 모성을 느끼게 하는 단어가 채용되어 있다. 이처럼 생물학적, 과학적 용어에도 여성의 사회적인 입장이 암암리에 반영되어 있다. 젠더는 이러한 점을 깨닫게 하는 중요한 개념이라고 버틀러는 말한다.

헵디지

▶192

하위문화

의 미   사회의 지배적인 가치관과는 다른 문화
문 헌   《하위문화》
메 모   헵디지는 패션과 음악, 행동 등을 스타일이라고 부르고
하위문화를 스타일을 통한 저항이라고 생각했다

문화와
소비사회

자신이 소속되어 있는 사회의 다수파와 가치관이 다른 문화를 **하위문화**라고 한다.

모즈 컬처

다양한
하위문화

클럽 컬처

레게 컬처

펑크 컬처

힙합 컬처

히피 컬처

하위문화는 개인이 자유롭게 선택하는 조금 다른 취미취향이라는 의미로 이용되는 일이
있지만 사회학자인 헵디지는 하위문화를 사회의 다수파가 아닌 사람끼리 모여 만드는
문화라고 한다.

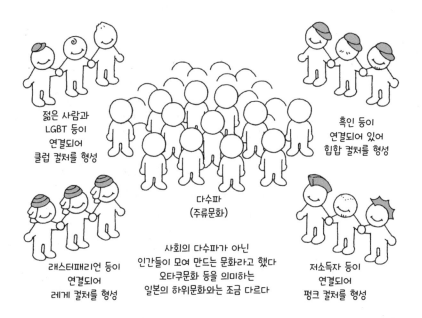

젊은 사람과
LGBT 등이
연결되어
클럽 컬처를 형성

흑인 등이
연결되어 있어
힙합 컬처를 형성

다수파
(주류문화)

래스터패리언 등이
연결되어
레게 컬처를 형성

사회의 다수파가 아닌
인간들이 모여 만드는 문화라고 했다
오타쿠문화 등을 의미하는
일본의 하위문화와는 조금 다르다

저소득자 등이
연결되어
펑크 컬처를 형성

하위문화(서브 컬처)는 많은 사람이 좋아하는 **상위문화(하이 컬처)**와 **대중문화(팝 컬처)** 등의 **주류문화**와는 다른 가치관을 사람들에게 제시하는 것이 가능하다고 그는 말한다.

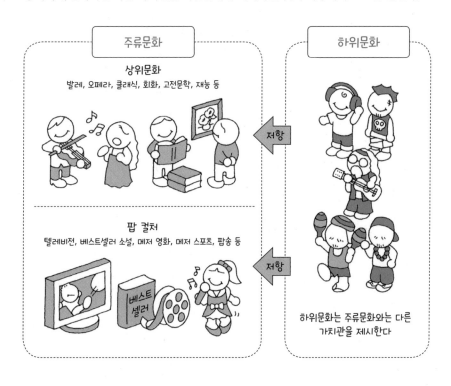

주류문화

하위문화

상위문화
발레, 오페라, 클래식, 회화, 고전문학, 재능 등

저항

팝 컬처
텔레비전, 베스트셀러 소설, 메저 영화, 메저 스포츠, 팝송 등

베스트셀러

저항

하위문화는 주류문화와는 다른
가치관을 제시한다

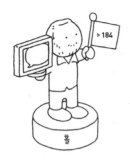

▶184

홀

인코딩 | 디코딩

문 헌 《encoding/decoding》
메 모 인코딩은 정보의 형태나 형식을 변환하는 처리 방식이고 디코딩은 이를 해독하거나 푸는 것

미디어

뉴스나 신문 등의 정보에는 정보를 보내는 사람의 가치관과 이데올로기가 다분히 포함되어 있다. 보내는 사람이 정보를 방송과 기사로 만드는 과정(**인코딩**)에서 자신의 가치관을 무의식으로 받아들이기 때문이다. 또한 받는 사람이 정보를 수취하는 과정(**디코딩**)에서도 받는 사람의 가치관이 작용한다. 보내는 사람의 정보와 받는 사람의 정보는 같지 않고 각각 독립해서 존재한다.

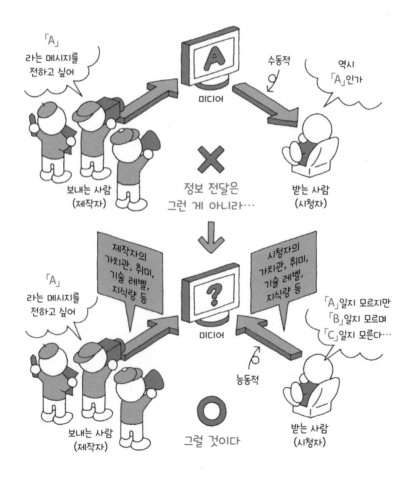

242

디코딩의 3분류

홀은 정보를 받는 사람의 입장을 3분류했다
위에서 차례대로 보내는 사람과의 거리가 멀어진다

A

❶ 지배적 위치

보내는 사람의 해석을 받는 사람이
그대로 수취하는 입장

A

미디어

보내는 사람

받는 사람

A

❷ 절충적 위치

보내는 사람의 해석을 인정하면서도
받는 사람 자신의 해석도 반영하는 입장

A,
B…

미디어

보내는 사람

받는 사람

A

❸ 대항적 위치

보내는 사람의 해석과
대립하는 입장

B!!

미디어

보내는 사람

받는 사람

뉴스와 신문 등의 미디어에 접촉하는 행위란 미디어를 보내는 사람에게 따르기만 하는
수동적인 행위가 아니라 좀더 수동적이고 자유로운 행위라고 홀은 말한다.

미디어의 배후에 있는
제작자의 의도는
신경 쓰지 않아도 된다

정보

정보는 자유롭게
수취해야 한다

보드리야르

▶181

기호적 소비

의 미   사람들이 상품의 기능이 아니라 기호를 소비하는 것
문 헌   《소비사회의 신화와 구조》
메 모   타인과 차이를 추구하는 것이 중요하기 때문에 과시적
소비(p.49)와는 다르다

문화와
소비사회

생활필수품의 보급이 일단락됐다고 해서 상품이 팔리지 않는 것은 아니다. 그후에 찾아오는 소비사회에서는 사람들은 무언가를 구입할 때 그 상품의 실질적인 기능을 구입하는 게 아니라 타인과의 차이화를 위한 기호(정보)를 구입한다(**기호적 소비**). 소비행위는 사람들의 개성과 센스를 나타내는 것으로 기능하기 시작하는 것이다.

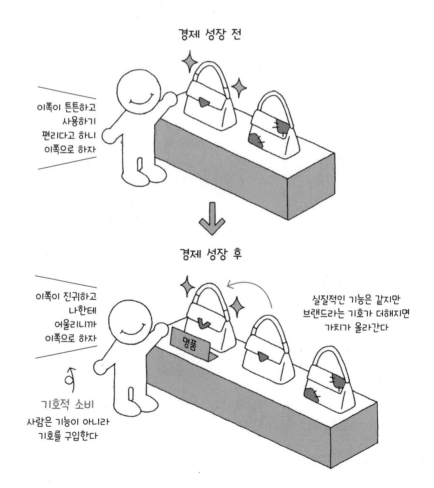

경제 성장 전

이쪽이 튼튼하고
사용하기
편리다고 하니
이쪽으로 하자

경제 성장 후

이쪽이 진귀하고
나한테
어울리니까
이쪽으로 하자

실질적인 기능은 같지만
브랜드라는 기호가 더해지면
가치가 올라간다

명품

기호적 소비
사람은 기능이 아니라
기호를 구입한다

고도소비사회를 맞이한 현대는 끊임없이 상품이 발매되고 새로운 기호가 창출되고 타기호(상품)와 차별화를 추구한다. 사람들은 차이를 추구하므로 이 소비행위에 끝이 없다 **(차이의 원리)**. 사람들의 욕구는 이제 개인의 주체성에 의해서 발해지는 것이 아니라 이 기호의 시스템에 의해서 구동되고 있다.

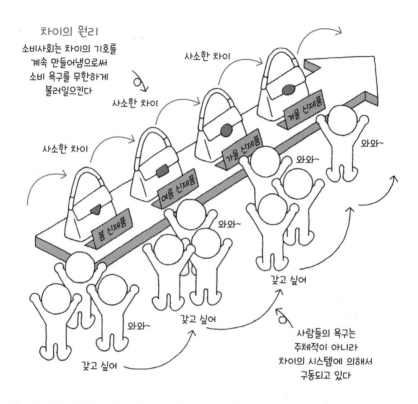

차이의 원리
소비사회는 차이의 기호를 계속 만들어냄으로써 소비 욕구를 무한하게 불러일으킨다

사소한 차이

사소한 차이

사소한 차이

봄 신제품

여름 신제품

가을 신제품

겨울 신제품

와와~

와와~

와와~

와와~

갖고 싶어

갖고 싶어

갖고 싶어

사람들의 욕구는 주체적이 아니라 차이의 시스템에 의해서 구동되고 있다

차이를 만들어내는 기호는 패션 브랜드는 물론 시리얼 넘버, 에코 로하스, 유명인의 애용품, 빈티지, 회원제/소수정예제, 상품이 가진 역사와 이야기 등 다양하다.

건강 식품

무농약

에코 로하스

소수정예제

회원 한정 스테이터스 정보

회원증

아이돌이 입은 옷 등 상품이 가진 역사와 이야기

차이를 만들어내는 기호는 무수하다

시리얼 넘버

보드리야르

시뮬라크르

의 미 오리지널을 갖지 않는 모상(模像)
문 헌 《시뮬라크르와 시뮬라시옹》
메 모 보드리야르의 사상은 영화 《매트릭스》의 세계관에도
영향을 미쳤다

미디어

현대는 기호를 소비하는 시대라고 보드리야르는 생각했다(기호적 소비 p.244). 기호란 원래 현실에 존재하는 오리지널을 모방한 모상(模像)이다. 하지만 그러한 모상이 만들어지는 가운데 실제의 오리지널을 갖지 않는 것이 몇 가지나 만들어지고 있다.

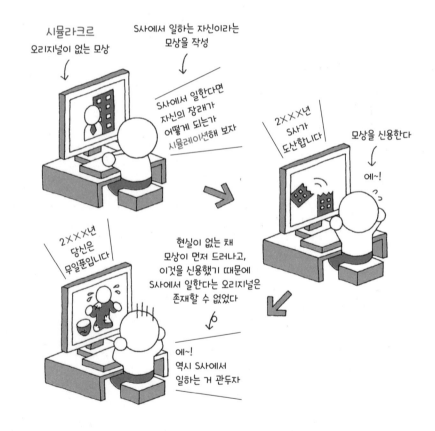

가령 가상의 세계를 설정하여 만들어진 컴퓨터상의 데이터는 현실을 대체하는 것이기는 하지만 모방되는 토대가 된 오리지널이 존재하지 않는다. 보드리야르는 오리지널이 없는 모상을 **시뮬라크르**, 시뮬라크르를 만드는 것을 **시뮬라시옹**이라고 불렀다.

원래 모상에는 오리지널이 있다.
가령 풍경화의 오리지널은 현실의 풍경.
하지만 시뮬라크르에 오리지널은 존재하지 않는다

그리고 오리지널 없이 모상이 현실로 만들어지면 무엇이 오리지널(현실)이고 무엇이 모상(비현실)인지 알 수 없게 된다. 현대사회는 그러한 환경에 둘러싸여 있다. 보드리야르는 이러한 상태를 **하이퍼리얼**이라고 불렀다.

하이퍼리얼
현대사회는 무엇이 오리지널이고 무엇이 모상인지 구별되지 않는다

퍼트넘

사회관계자본

의 미 인맥과 신뢰 관계에 기초한 사회를 풍요롭게 하는 재산
문 헌 《나 홀로 볼링(Bowling alone)》
메 모 사회관계자본은 같은 집단 내의 연결을 높이는 결속
형과 다른 집단 간을 잇는 가교형으로 분류된다

공공성과
커뮤니티

인근 주민 간의 관계를 심화하고 지역 네트워크를 강화하면 치안도 좋아져서 범죄가 줄고 통치 효율도 좋아진다고 퍼트넘은 생각했다. 선의와 공감에 기초한 개인 간의 신뢰관계는 자신뿐 아니라 사회 전체의 자본(재산)이 된다고 그는 말한다. 이것이 **사회관계자본(소셜 캐피털)**이라는 개념이다.

※사회관계=인간관계

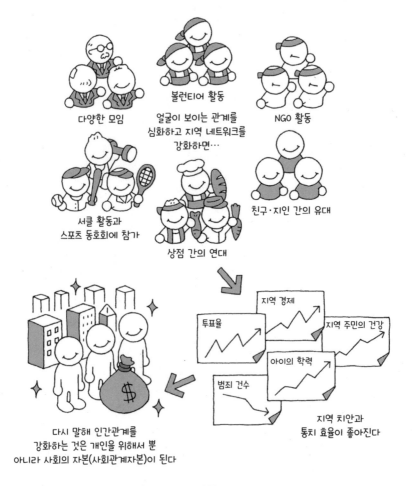

다양한 모임

볼런티어 활동
얼굴이 보이는 관계를
심화하고 지역 네트워크를
강화하면…

NGO 활동

서클 활동과
스포츠 동호회에 참가

상점 간의 연대

친구·지인 간의 유대

투표율

지역 경제

지역 주민의 건강

아이의 학력

범죄 건수

지역 치안과
통치 효율이 좋아진다

다시 말해 인간관계를
강화하는 것은 개인을 위해서 뿐
아니라 사회의 자본(사회관계자본)이 된다

퍼트넘은 사회관계자본을 네트워크, 신뢰, 규범의 3가지 요소로 정리하고 이들 요소가
사회의 향상에 기여한다고 했다.

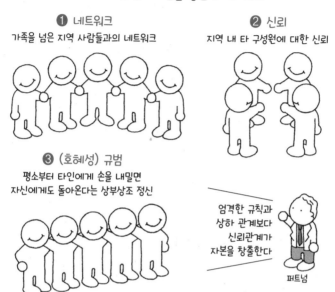

사회관계자본을 낳는 3가지 요소

❶ 네트워크
가족을 넘은 지역 사람들과의 네트워크

❷ 신뢰
지역 내 타 구성원에 대한 신뢰

❸ (호혜성) 규범
평소부터 타인에게 손을 내밀면
자신에게도 돌아온다는 상부상조 정신

엄격한 규칙과
상하 관계보다
신뢰관계가
자본을 창출한다

퍼트넘

일찍이 부르디외(p.182)는 사회관계자본을 개인에 잠든 문화자본(p.214)의 일부라고 파
악했다. 부르디외에게 사회관계자본은 개인의 인맥을 의미한 것이다. 이에 대해 퍼트넘은
사회의 자본이라는 측면에 주목했다고 할 수 있다.

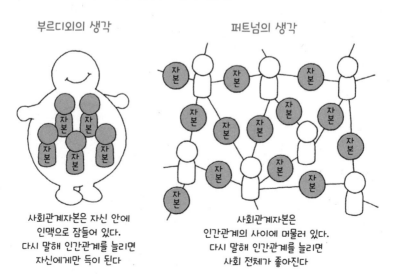

부르디외의 생각

사회관계자본은 자신 안에
인맥으로 잠들어 있다.
다시 말해 인간관계를 늘리면
자신에게만 득이 된다

퍼트넘의 생각

사회관계자본은
인간관계의 사이에 머물러 있다.
다시 말해 인간관계를 늘리면
사회 전체가 좋아진다

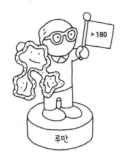

루만

이중 우발성 Double Contingency

의 미 양자 간에서 상호 자신이 어떻게 행동하는지는 상대의 행동에 달려 있다

문 헌 《사회시스템 이론》

사회이론

▶180

근대사회(자본주의 사회)에서 인간은 기본적으로 자유롭다. 따라서 모두 자신의 욕구가 이루어지는 행위를 하려고 한다. 그러면 다음에 자신이 어떻게 행동할지는 상대가 어떻게 나오느냐에 따라 다르며 상대도 이쪽이 어떻게 나오느냐에 따라 행동을 달리 한다. 이러한 상태를 **이중 우발성**(Donble Contingency, DC)이라고 한다. 세상은 이중 우발성이 적용되는 상황이 넘쳐나는데 어떻게 타인과의 상호행위가 지속되는 걸까?

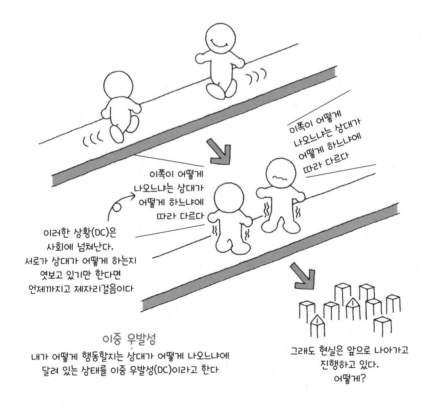

이쪽이 어떻게 나오느냐는 상대가 어떻게 하느냐에 따라 다르다

이쪽이 어떻게 나오느냐는 상대가 어떻게 하느냐에 따라 다르다

이러한 상황(DC)은 사회에 넘쳐난다. 서로가 상대가 어떻게 하는지 엿보고 있기만 한다면 언제까지고 제자리걸음이다

이중 우발성
내가 어떻게 행동할지는 상대가 어떻게 나오느냐에 달려 있는 상태를 이중 우발성(DC)이라고 한다

그래도 현실은 앞으로 나아가고 진행하고 있다. 어떻게?

파슨스(p.120)는 상호행위를 하는 양자 간에 미리 가치관(사회 질서)이 공유되고 있어 서로가 무엇을 기대하고 있는지를 예측할 수 있기 때문이라고 생각했다**(기대의 상보성)**

이에 대해 루만은 상호행위를 하는 양자 간에 처음부터 공통의 가치관은 필요 없다고 말한다. 왜냐하면 서로의 행동과 반응을 보면서 상호행위의 계기를 찾아내는 것이 가능하다고 생각하기 때문이다. 오히려 이중 우발성이라고 하는 질서가 성립되어 있지 않기 때문에 사람들이 그 상황을 해소하고자 커뮤니케이션함으로써 사회 질서가 지속된다고 루만은 말한다(**노이즈로부터의 질서 형성**).

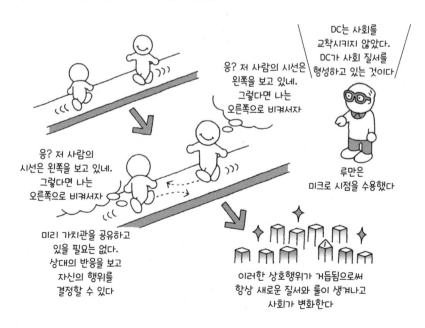

루만

복잡성 감축
(複 雜 性 　減 縮)

의 미　모든 가능성을 가진 세계의 복잡성을 제한(감축)하는
작용을 말한다(질서를 유지하는 기능)
문 헌　《신뢰》
메 모　루만은 복합성의 증대는 법에 지지된다고 했다

질서와
권력

근대사회(자본주의 사회)에서 인간은 기본적으로 자유롭다. 따라서 모두 자신의 욕구가
이루어지도록 행위를 하고자 한다. 이 경우 상대가 이쪽의 생각대로 행동을 취할지 어
떨지 알 수 없다. 그래도 우리들은 통상적으로 상대가 취할지 모를 모든 가능성(**복잡성**)의
존재를 의식하지 않고 안심하고 거래(커뮤니케이션)를 하고 있다. 루만은 이것을 **복잡성
감축**이라고 부른다.

'이럴 때는 이렇게 행동한다'는 복잡성 감축이 구석구석까지 미친 사회에서는 모르는 사
람들과의 관계에서도 안심하고 상대의 행동을 예측해서 거래를 할 수 있다. 이것을 **복
합성 증대**라고 한다.

작은 공동체에서 살아온 과거와 달리 근대사회는 대다수의 거래가 모르는 사람들과 이루어진다. 때문에 근대사회에서는 개개인의 인격에 대한 신뢰가 아니라 규범에 대한 신뢰가 요구된다. 루만은 이러한 규범이 어떻게 생겨나고 어떻게 지켜지는지를 복잡성 감축이라는 개념으로 규명하려고 했다.

복잡성 감축

복잡성 감축

룰 A
상대가 이렇게 한다면 자신은 이렇게 한다

복잡성

복잡성

개인과 개인의 커뮤니케이션(상대의 행동을 이해한 거래)에 의해서
복잡성 감축이 이루어지고 '룰 A'가 만들어진다

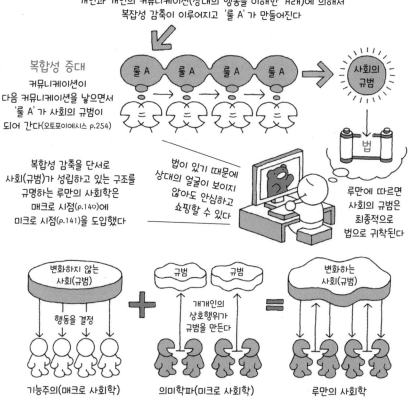

복합성 증대
커뮤니케이션이
다음 커뮤니케이션을 낳으면서
'룰 A'가 사회의 규범이
되어 간다(오토포이에시스 p.254)

룰 A 룰 A 룰 A 룰 A → 사회의 규범

법

복합성 감축을 단서로
사회(규범)가 성립하고 있는 구조를
규명하는 루만의 사회학은
매크로 시점(p.140)에
미크로 시점(p.141)을 도입했다

법이 있기 때문에
상대의 얼굴이 보이지
않아도 안심하고
쇼핑할 수 있다

루만에 따르면
사회의 규범은
최종적으로
법으로 귀착된다

변화하지 않는
사회(규범)

행동을 결정

+

규범   규범

개개인의
상호행위가
규범을 만든다

=

변화하는
사회(규범)

기능주의(매크로 사회학)   의미학파(미크로 사회학)   루만의 사회학

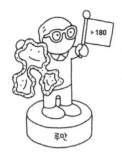

루만

▶180

오토포이에시스

사회이론

의 미 인간을 구성 요소로 하는 게 아니라 커뮤니케이션을 구성 요소로 한 사회시스템론(p.140)
문 헌 《사회시스템 이론》
메 모 오토포이에시스는 원래는 생물학에서 제기된 단어

커뮤니케이션

커뮤니케이션은 연결할 수 있다. 따라서 커뮤니케이션이 사회를 구축하는 요소. 여기서 말하는 사회란 경제, 정치, 교육제도 등

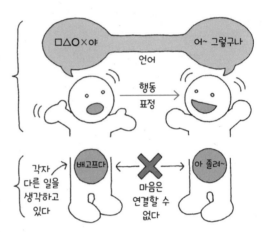

인간(의식)

인간(마음, 의식, 사고)은 커뮤니케이션을 거치지 않으면 연결할 수 없다. 따라서 인간은 사회의 요소가 아니다

루만은 사회를 구성하고 있는 요소는 인간이 아니라 커뮤니케이션이라고 생각했다. 커뮤니케이션이 다음 커뮤니케이션을 자동적으로 만들어냄으로써 커뮤니케이션을 구성 요소로 하는 사회는 존속하고 있다고 그는 말한다. 사회를 성립시키고 있는 요소(커뮤니케이션)가 사회 자체에 의해서 생산되며, 이러한 성질을 **오토포이에시스**(자기생산)라고 한다.

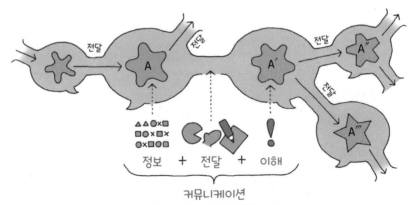

커뮤니케이션

커뮤니케이션은 사회를 구성하는 요소.
커뮤니케이션이란 정보와 그 정보를 전달하는 행위와, 그 이해가 합쳐진 것

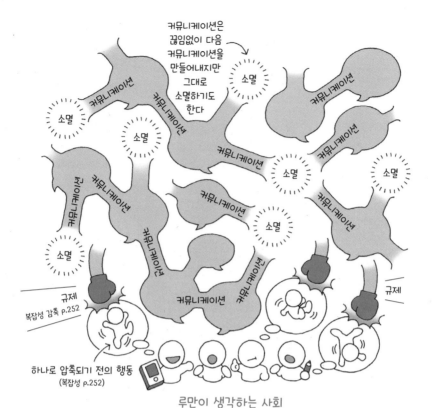

커뮤니케이션은
끊임없이 다음
커뮤니케이션을
만들어내지만
그대로
소멸하기도
한다

소멸

소멸

소멸

소멸

소멸

소멸

소멸

커뮤니케이션

규제
복잡성 감축 p.252

규제

하나로 압축되기 전의 행동
(복잡성 p.252)

루만이 생각하는 사회

분자가 이어져서 사물을 구성하는 것처럼 커뮤니케이션(정보＋전달＋이해)이라는 분자가
다음 커뮤니케이션을 만들어내고 연결함으로써 사회(제도·규범)라는 사물을 구성한다.
그리고 그 사회가 우리의 행동을 규제한다

사회(규범) 없이 인간은 생활할 수 없지만 사회시스템 안에 각 개인의 의식(마음)까지
기능적으로 반영되어 있는 것은 아니라고 루만은 생각한다. 때문에 루만에게 인간은 사회
시스템의 구성 요소는 아닌 것이다.

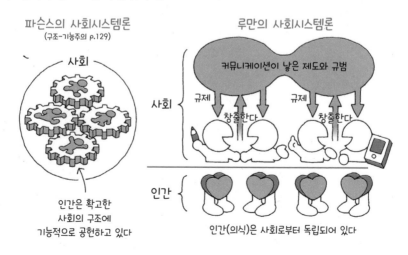

파슨스의 사회시스템론
(구조-기능주의 p.129)

루만의 사회시스템론

사회

커뮤니케이션이 낳은 제도와 규범

사회

규제   규제
창출한다   창출한다

인간

인간은 확고한
사회의 구조에
기능적으로 공헌하고 있다

인간(의식)은 사회로부터 독립되어 있다

글레이더

▶177

에스니시티

의 미 　독자의 문화와 귀속 의식을 가진 집단의 존재와 성질
문 헌 　《인종의 도가니를 넘어서》
메 모 　미국의 공민권운동 등의 사회운동도 에스니시티의 개
념을 넓히는 역할을 하고 있다

국가와
글로벌
리제이션

하나의 사회와 국가를 구성하는 사람들은 모두 동질은 아니다. 그 사회를 구성하는 사람들이면서도 독자의 귀속의식과 문화를 가진 집단을 **에스닉 그룹**이라고 부른다. 그리고 에스닉 그룹이 존재하고 있는 상황과 에스닉 그룹의 성질을 **에스니시티**라고 한다.

백인　흑인　아시아인

인종

골격·피부 등 형질에 의한 구분

여권

미국인　프랑스인　케냐인　한국인

국민

국적에 따른 구분

나는
유대인
입니다

나는
애보리진
입니다

에스니시티

형질과 국적에 의한 구분이 아닌 언어, 습관, 종교 등의
문화적 차이에 따른 구분.
'나는 ○○라는 에스닉 그룹에 속해 있다'는
본인의 주관과 연결되어 있는 단어

나는
아이누 민족
입니다

나는
로마족
입니다

지역 간의 이동이 일상화됨으로써 이민·타지 생활·망명·난민 등의 사람들이 왕래하며 많은 국가가 다민족국가가 됐다. 이런 배경에서 에스니시티라는 개념은 생겨났다.

현재 **다문화주의**와 **문화상대주의**가 이야기되는 것도 에스니시티라는 개념이 널리 침투한 것과 밀접하게 연결되어 있다.

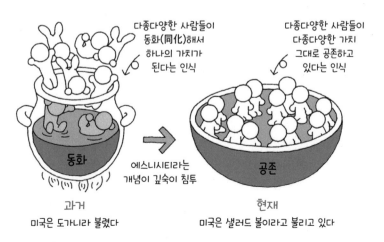

공공성 상실
(公 共 性 　喪 失)

의　미　　공적 생활이 쇠퇴하고 사적 감정이 존중받는 것
문　헌　　《The Fall of Public Man》
메　모　　내부지향형에서 타인지향형으로 이행한다는 리스먼의
　　　　　설(p.150)은 순서가 반대라고 세넷은 말한다

공공성과
커뮤니티

정치가가 정책이 아니라 인품이나 사생활에 의해서 평가되는 일은 적지 않다. 이러한 예와 같이 공적 일에서도 사적인 감정에 의해서 평가되는 현대사회의 경향을 세넷은 **공공성 상실**이라고 부른다. 그에 따르면 공공성은 18세기의 도시에서 생겨났지만 자본주의가 진행함에 따라서 상실됐다.

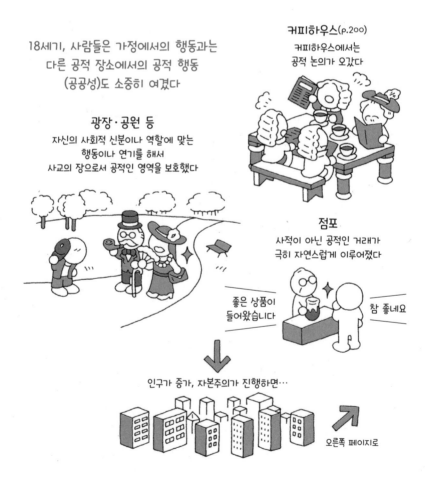

18세기, 사람들은 가정에서의 행동과는
다른 공적 장소에서의 공적 행동
(공공성)도 소중히 여겼다

커피하우스(p.200)

커피하우스에서는
공적 논의가 오갔다

광장·공원 등

자신의 사회적 신분이나 역할에 맞는
행동이나 연기를 해서
사교의 장으로서 공적인 영역을 보호했다

점포

사적이 아닌 공적인 거래가
극히 자연스럽게 이루어졌다

좋은 상품이
들어왔습니다

참 좋네요

인구가 증가, 자본주의가 진행하면…

오른쪽 페이지로

광장·공원 등

공적인 영역은 사교의 장이 아니라
감정을 억압하고 자신을 감추면서
상호 관찰하는 장소가 된다

체인점

매뉴얼화된 서비스에 따라
손님도 고객도 모두 같은 행동을 하는
장소가 된다

백화점

대량소비를 위한 균질한 장소가 된다

자본주의 사회라는 공적 영역보다 가정이라는
사적 영역이야말로 개인을 지킨다는 감각이 생겨나
사람들은 공공성을 중요하게 여기지 않게 됐다

공공을 위해 행동해
봐야 소용없다!
사적 친밀함이
더 중요하다!

정치는 모르지만
잘 부탁드립니다!

현재의
경제 상황에서
해야 할 정책은…

정책은
아무래도 좋아.
왼쪽 사람이
느낌이 좋으니까
왼쪽 사람에게
투표해야지

공공 영역에서 자신보다
사적 영역의 자신이
진정한 자신이라고
인식한다

공공성 상실

공공성(사회성)보다 자신의 감정과 감각이
중요한 판단 기준이라고 생각하게 된다

공공성 상실에 의해서 사적인 감정과 공적인 생활의 균형을 유지하는 것이 현대인에게
는 불가능해졌다. 자신의 욕망과 사회 전체의 이익을 구별하지 못하는 현대인의 심리 상
태를 세넷은 나르시시즘이라는 단어로 표현했다.

제184

제국
(帝 國)

의 미 중심을 갖지 않은 네트워크상의 글로벌 권력
문 헌 《제국》(네그리/하트)
메 모 사람들의 생활에 깊이 들어 있는 제국은 푸코가 말하는
살리는 권력(p.205)이기도 하다

국가와
글로벌
리제이션

일찍이 큰 국가가 군사력을 앞세워 다른 작은 국가와 지역으로 영토를 넓혀 가는 정책을
제국주의라 불렀다. 또한 군사·경제·문화 등에서 강한 영향력을 가진 미국을 비유적으로
아메리카제국이라고 부르기도 한다. 제국이란 어느 경우든 강대한 국가가 세력을 확대해
가는 것이었다.

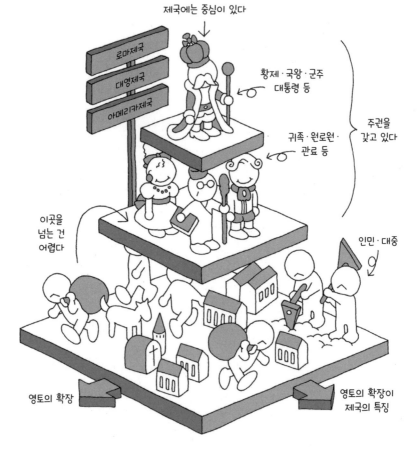

과거의 제국
특정 강국이 군사력으로 지역으로 영토를 확대하고
스스로의 정치·경제·문화권역을 확대한다

제국에는 중심이 있다

로마제국
대영제국
아메리카제국

황제·국왕·군주
대통령 등

귀족·원로원·
관료 등

주권을
갖고 있다

이곳을
넘는 건
어렵다

인민·대중

영토의 확장

영토의 확장이
제국의 특징

이에 대해 네그리와 하트(p.193)는 글로벌화가 진행하는 현대의 새로운 권력을 **제국**이라는 키워드로 표현한다. 제국은 일찍이의 제국주의와 같이 특정 강국이 중심이 되는 것은 아니다. 자본주의하에서 다국적 기업, 국제연합, 세계은행 등 국경을 넘은 연결된 네트워크상의 권력이 제국이다. 글로벌화를 견인하는 미국조차 제국 안에 있고 중심은 아니다.

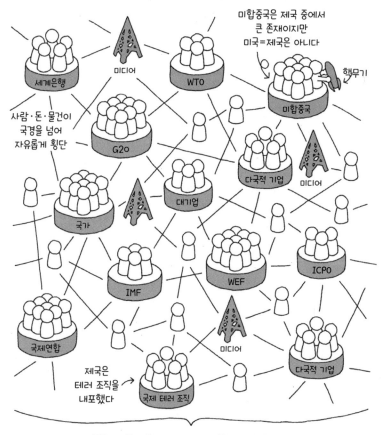

현대의 제국
세계가 네트워크상으로 연결된 권력 시스템.
중심도 영토도 없이 도처에서 민중을 자본주의에 순응시킨다

미합중국은 제국 중에서
큰 존재이지만
미국＝제국은 아니다

핵무기

세계은행

미디어

WTO

미합중국

사람·돈·물건이
국경을 넘어
자유롭게 횡단

G20

다국적 기업

미디어

국가

대기업

IMF

WEF

ICPO

국제연합

미디어

제국은
테러 조직을
내포했다

국제 테러 조직

다국적 기업

제국은 우리들의 욕망, 다시 말해 자본주의가 만든 시스템

제국은 일상생활 도처에 침투하여 사람들을 자본주의에 순응시키기 위해 사람들을 관리·육성하고 있다. 하지만 제국에 대항하는 민중의 힘 또한 제국이 갖고 있는 성질 안쪽에서 생겨난다. 네그리와 하트는 그것을 다중(p.263)이라고 부른다.

▶184

다중
(多 衆)

의 미 제국에 대항하는 민중
문 헌 《제국》(네그리/하트)
메 모 다중은 특정 사회 계급과 속성의 사람들을 가리키는
것은 아니다

국가와
글로벌
리제이션

네트워크상의 글로벌 권력인 제국(p.216)은 사람들을 자본주의에 순응시키도록 관리하고
있다. 하지만 제국이 가진 네트워크라는 성질은 전 세계 사람들과 연결하는 것도 가능케
한다. 그렇다면 세계의 다종다양한 사람들이 이 네트워크를 이용해서 연결되면 제국에
대항할 수 있다고 네그리와 하트는 생각했다.

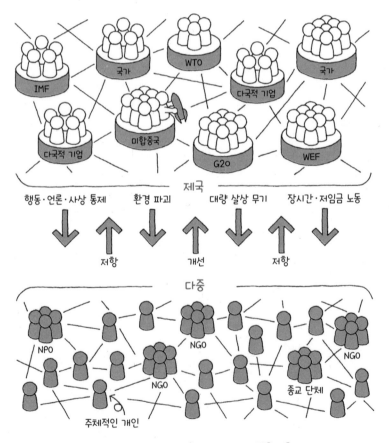

제국이 네트워크상(狀)이 되어 있는 거라면 이 시스템을 이용해서
대중도 네트워크상에 결탁하면 대항할 수 있다

네그리와 하트는 이러한 다종다양한 민중을 **다중**(mutitude)이라고 부른다. 거주지와 성별, 직업, 종교 등의 울타리를 넘어 사람들이 네트워크상으로 이어지고 자본주의가 일으키는 문제점을 하나하나 해결하려는 힘이 다중이다.

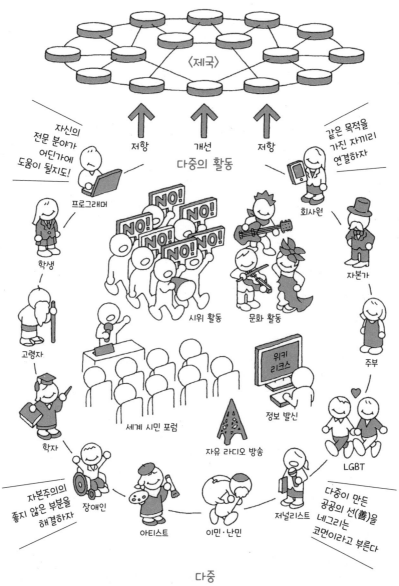

다중

제국의 본질이며 최대의 무기인 네트워크를 이용해서 다종다양한 민중이 결탁하면 제국,
즉 자본주의의 모순에 대항할 수 있다고 네그리와 하트는 생각했다.
이처럼 제국 안에서 생겨나고, 제국에 대항하는 다종다양한 민중을 다중이라고 한다

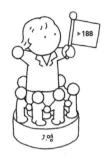

포섭형 사회 | 배제형 사회

문　헌　《배제형 사회》
메　모　포섭형 사회에서 배제형 사회로의 이행은 포디즘(p.94)
에서 포스트포디즘 시대에 상당한다

공공성과
커뮤니티

1960년대경까지 사회는 노동과 가족이라는 두 영역에 큰 가치가 놓였다. 그리고 이 두 영역을 축으로 같은 생활 스타일과 가치관을 모두가 공유했다. 그렇기 때문에 사회로부터 일탈하는 사람이 있다고 해도 그 사람을 공통의 가치관으로 포섭하려는 풍조가 있었다 **(포섭형 사회)**.

가족　일

1960년경까지는 일과 가족에 가치를 두고
모두 같은 생활을 양식을 공유했다

포섭형 사회

이러한 사회에서는 다양한 사람들이 같은 문화 속에 둘러싸인다

아침에 일어나고
밤에 자고, 휴일에는
함께 야구를 보러 가자!

그런 차림새 하지 말고
함께 샐러리맨이
되자!

그런데 1970년대가 되자 사람들의 생활 스타일도 가치관도 다양해졌다. 공통의 가치가 사라지면 자신이 믿는 가치가 사회의 다수파에 인정받고 있다고 믿는 것이 어려워진다. 그러면 이질의 사람들을 배제·부정함으로써 자신과 자신이 속한 집단의 가치를 높이려고 (믿으려고) 한다고 영은 생각했다**(배제형 사회)**.

1970년 이후는 사람들의
생활 스타일도 가치관도 다양화

자신과는 다른
인종과 문화를
존중할 수 있는
새로운 구조를
모두가 생각하자

영

배제형 사회

이러한 사회에서는 자신과 자신이 속한 집단이 사회에 인정받고 있는지 불안해진다

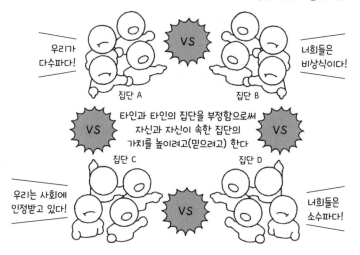

바우만

▶178

유동적 근대성 Liquid Modernity

문 헌 《유동적 근대성》
의 미 파놉티콘(p.206)과 같은 거대 권력이 아니라 사람들
이 자진해서 서로 감시하는 오늘날의 정보 환경을 바우만은 포
스트 파놉티콘이라고 불렀다

질서와
권력

근대(자본주의 사회)가 되어 사람들은 전통적인 질서에서 해방됐다. 바우만은 이전의
근대성을 **솔리드 모더니티(고체적 근대성)**라 부른다. 솔리드 모더니티 시기에는 전통적인
질서를 무너뜨리면서도 사람들이 수용되어야 할 새로운 규범이 만들어졌다. 그런데 근대
화가 더 진행하자 고정적인 규범이 붕괴되고 유동적인 **리퀴드 모더니티(유동적 근대성)**

초기 근대

↘→ 솔리드 모더니티(고체적 근대성)의 특징

❶ 오랜 전통과 습관을 파괴하는 대신 근대적인 새로운 사회 집단을 준비했다

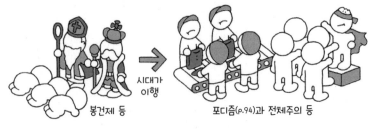

봉건제 등

시대가
이행

포디즘(p.94)과 전체주의 등

❷ 이들 새로운 사회 집단은 사람들을 관리하지만 동시에 입장과 생활을 어느 정도 보증했다

매일의 생활은
회사와 국가가
어느 정도 보증해준다

❸ 미래에는 모든 문제가 해결, 향상될 거라고 사람들은 믿었다

이대로
돌파하자!

미래

시대가 도래한다고 바우만은 말한다. 리퀴드 모더니티 시대는 사람들에게 다양한 선택지를 초래하지만 동시에 모든 일의 책임을 개인이 떠맡지 않으면 안 된다. 현대는 개인이 새로이 있을 장소가 정비되지 않는 불안정하고 불확실한 시대인 것이다.

나의 행복은 모두의 행복

개인의 행복과 공공의 행복을 연결하는 방법을 모두가 생각하자

바우만

향후 사람들은 습관과 상식, 가족과 회사, 지역과 국가에 관리, 구속되지 않는다. 오히려 자유로운 행동을 강제당한다. 이렇게 되면 자신 이외의 타인에게는 관심이 없어진다고 바우만은 말한다

앞으로의 근대
↘→ 리퀴드 모더니티(유동적 근대성)의 특징

❶ 초기 근대(솔리드 모더니티)의 질서가 붕괴하지만 이를 대신할 질서를 준비하지 않는다

포디즘(p.94)과 전체주의 등

시대가 이행

유동성이 높아질 뿐

❷ 자유를 얻을 수 있다는 수준을 넘어 자유를 강제당한다

일찍이와 같은 사회 집단에 의지할 수 없다

책임 책임 책임 책임 책임

전부 자신이 결정하고 전부 자신이 책임을 져야 한다!

❸ 미래에 대한 전망이 보이지 않아 인생 설계가 곤란하므로 미래에 불안을 품고 있다

앞으로 어떻게 될까?

불안

감시사회
(監 視 社 會)

의 미 개인의 행동이 데이터화되어 가는 감시 방식
문 헌 《감시사회》
메 모 새로운 감시사회는 사람들의 행동을 제한하는 게 아니라 오히려 사람들의 행동을 자유롭게 하는 일면도 갖는다

질서와 권력

일상의 다양한 장면에서 우리들의 행동은 개인 데이터로서 기록되고 있다. 그리고 수집된 데이터는 언제 어디에서 누가 어떠한 목적으로 사용할지 알 수 없다. 라이언은 본인에게 영향을 미치는 개인 데이터의 수집 행위는 모두 감시라고 말한다. 그는 지금까지의 감시사회(파놉티콘 p.206)와는 다른 새로운 **감시사회**를 현대에서 찾아냈다.

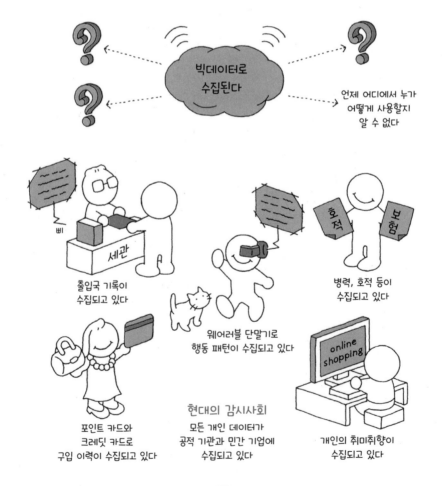

빅데이터로 수집된다

언제 어디에서 누가 어떻게 사용할지 알 수 없다

출입국 기록이 수집되고 있다

웨어러블 단말기로 행동 패턴이 수집되고 있다

병력, 호적 등이 수집되고 있다

포인트 카드와 크레딧 카드로 구입 이력이 수집되고 있다

현대의 감시사회
모든 개인 데이터가 공적 기관과 민간 기업에 수집되고 있다

online shopping

개인의 취미취향이 수집되고 있다

감시 대상은 생신(生身)의 인간이 아니라 인간의 단편적인 사실이다. 새로운 감시사회에서 A군이란 A군의 신체를 말하는 게 아니라 A군에 관한 정보(데이터)의 수집을 가리킨다 **(신체의 소실)**.

과거

지금

\ Hello! /

\ 어이! A군이다
Hello! /

신체의 소실
A군이란 A군의 신체를
말하는 게 아니라
A군에 관한
정보 수집을 의미한다

\ Hello! /

A군의 데이터와
합치한다.
따라서 눈앞의 인물은
A군이다

이러한 감시는 사람들을 관리하는 측면도 있지만 동시에 사람들의 생활을 보호하는 측면도 있다. 예를 들면 감시에 의해서 집적된 데이터가 있기 때문에 병원에서 적절한 진단과 치료를 신속하게 받을 수 있다.

\ 도와주세요! /

이 사람의 이름은 ○○○이고
인종은 ○○이고 연령은 ○○이고
병력은 ○○이고 혈액형은 ○○이고
과거에 입원 1회…
좋았어, 바로 손을 써야지!

데이터화는 생활을 케어하지만
수집된 데이터에서 '사회 공헌도 C랭크',
'범죄를 저지를 확률 50%' 등
도를 넘은 개인 정보가 유출되어
그 정보를 토대로 관리될 가능성이 있다

사람들이 효율화와 안전을 추구하는 이상 기술의 진보와 함께 감시사회는 가속된다고 라이언은 생각한다.

기든스

▶186

이탈 Disembedding

의 미 한정된 시간과 공간에 있던 사람들이 시간과 공간을 초월한 관계성에 놓이는 것
문 헌 《성찰적 근대화》
메 모 이탈은 재귀성(p.272)의 철저화를 초래한다

공간과 도시

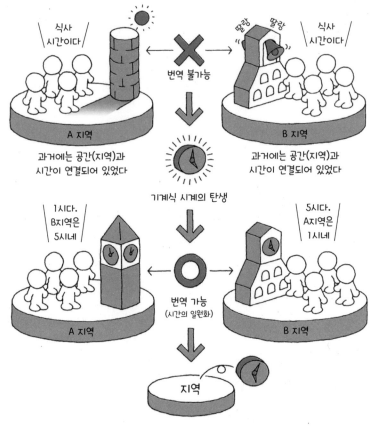

식사 시간이다

A 지역

과거에는 공간(지역)과 시간이 연결되어 있었다

번역 불가능

딸랑 딸랑

식사 시간이다

B 지역

과거에는 공간(지역)과 시간이 연결되어 있었다

기계식 시계의 탄생

1시다. B지역은 5시네

A 지역

번역 가능
(시간의 일원화)

5시다. A지역은 1시네

B 지역

지역

시간과 공간의 분리
시간과 공간이 연결되어 있을 필요가 없다

근대 이전, 사람은 한정된 범위의 공간에서 생활했다. 그곳에서 그 지역에만 통하는 방법으로 시간을 측정했다. 사람들이 거주하는 장소는 자신들만의 시간 감각에 의해서 성립되는 매우 지역적인 공동체였던 것이다. 그런데 기술의 발전으로 세계 전체에 공통의 시간이 생겨나자 그때까지 연결되어 있던 **시간과 공간의 분리**가 일어났다.

또한 통신기술과 수송기술이 발전하여 멀리 떨어진 사람과의 상호행위는 증대했다. 즉 **글로벌화**다.

이처럼 한정된 시간과 공간 속에 있던 사람들이 로컬 맥락에서 이탈되어 무한한 확산 속에 놓이는 것을 기든스는 **이탈**이라고 불렀다.

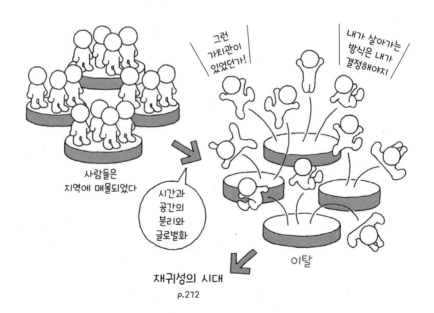

사람들이 무한한 확산 속에 놓이면 그때까지 자신의 행동 근거로 했던 로컬 습관과 규범, 그리고 가치관이 더 이상 절대가 아니다. 필연적으로 자신이 자신을 끊임없이 지속 갱신하지 않으면 안 된다. 그래서 근대는 재귀성(p.272)의 시대가 된다.

기든스

▶186

재귀성

의 미 자신의 과거 행동을 반성적으로 돌아보고 그것을 반영하면서 자신을 변화시켜 가는 것
문 헌 《성찰적 근대화》
메 모 이탈(p.271)에 의해서 재귀성의 철저화를 초래한다

사회이론

우리들은 과거의 자신의 행위를 돌아보고 거기서 얻어진 지식에 기초해서 다음 행위를 결정하고 있다. 이처럼 과거의 행위를 반성적으로 돌아보고 자신의 행위에 반영시키는 성질을 **재귀성**이라고 한다. 기든스는 재귀성이야말로 근대사회(자본주의사회)의 특성이라고 생각했다. 근대 이전의 사람들은 자신의 외부에 있는 습관에 따라서 행동하기만 하면 됐다.

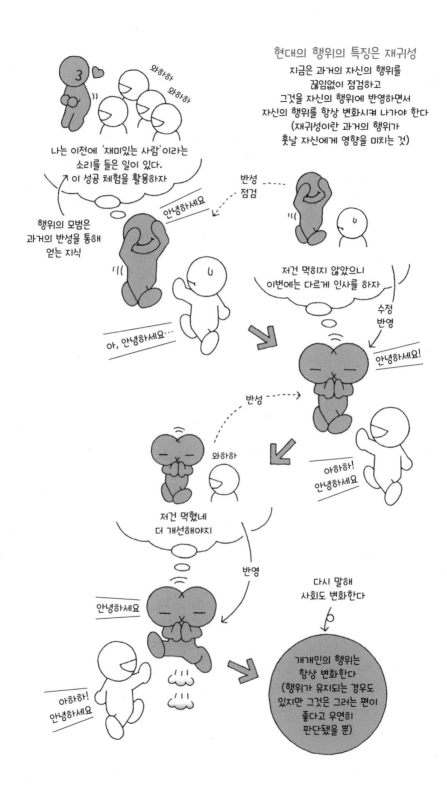

현대의 행위의 특징은 재귀성
지금은 과거의 자신의 행위를
끊임없이 점검하고
그것을 자신의 행위에 반영하면서
자신의 행위를 항상 변화시켜 나가야 한다
(재귀성이란 과거의 행위가
훗날 자신에게 영향을 미치는 것)

기든스

▶186

구조화 이론
(構 造 化 理 論)

의 미　사회의 구조(룰)가 생겨나는 프로세스를 파악하는 것을
사회학의 목적으로 하는 입장
문 헌　《사회학의 새로운 방법 규준》
메 모　사회는 사물(p.52)이라고 생각한 뒤르켐과는 다른 생각

사회이론

사회에는 지켜야 할 룰(규범)이 있다. 윤리적으로 지켜야 할 행동과 습관 혹은 언어의 문법
등이다. 기든스는 이들을 구조라는 단어로 표현한다. 구조(지켜야 할 룰)는 사람이 행위할
때 전제조건이 된다. 다만 근대사회에서 그 구조는 변화한다고 기든스는 말한다.

일찍이 파슨스는 사회에는 변화하지 않는 보편적인 구조가 있다고 생각했다(AGIL 도식
p.126). 하지만 기든스는 사회의 구조(지켜야 할 룰)를 파슨스와 같이 고정적인 것으로
인식하지 않고 사람들이 행위함으로써 그 행위를 결정하고 있는 구조 재차가 새로이 재
생산된다고 생각한다.

이 새로운 구조(룰)가 생겨나는 절차를 파악하는 것이야말로 사회학이 해야 할 과제라고
기든스는 생각하고 이러한 입장을 **구조화 이론**이라고 불렀다.

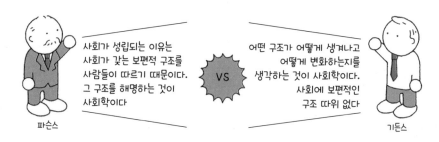

사회가 성립되는 이유는
사회가 갖는 보편적 구조를
사람들이 따르기 때문이다.
그 구조를 해명하는 것이
사회학이다

VS

어떤 구조가 어떻게 생겨나고
어떻게 변화하는지를
생각하는 것이 사회학이다.
사회에 보편적인
구조 따위 없다

파슨스

기든스

기든느 등

사회이론

재귀적 근대
(再 歸 的 近 代)

▶186

의 미 재귀성(p.272)이 철저한 근대(스스로 변화하는 근대)

메 모 기든스는 현대는 아직 근대의 틀 안에 있다고 생각한다.
그리고 현대를 포스트모더니티(근대 이후)(p.235)가 아니라 하이
모더니티(보다 철저한 근대성)라고 인식했다

포스트 모더니티(p.235)
근대성의 후

하이 모더니티
보다 철저한 근대성

문제

문제

개개의

문제

문제

문제

공통의

문제

근대는 끝나지 않았다.
지금 전 인류에
공통의 문제는 없다.
있는 것은
개개의 문제뿐이다

리오타르

아니야,
현대는 근대성이
더 심화됐다.
전 인류 공통의 문제도
심각해지고 있다

기든스   벡

리오타르(p.178)는 현대를 포스트모던(p.235)으로 받아들이고 근대는 종언했다고 생각
했다. 하지만 기든스와 벡에게 근대는 끝나지 않았다. 오히려 그들에게 현대는 근대의
특성인 재귀성(p.272, 과거의 행위가 이후의 자신에게 영향을 미치는 것)을 보다 철저한
(근대가 근대화됐다) 시대이다. 그들은 재귀성을 특성으로 하는 근대를 **재귀적 근대**라고
부른다.

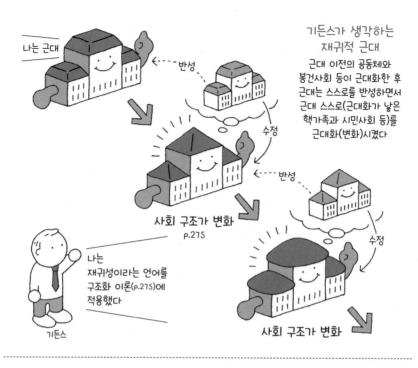

기든스가 생각하는
재귀적 근대

근대 이전의 공동체와
봉건사회 등이 근대화한 후
근대는 스스로를 반성하면서
근대 스스로(근대화가 낳은
핵가족과 시민사회 등)를
근대화(변화)시켰다

나는 근대

반성

수정

나는 근대

반성

사회 구조가 변화
p.275

수정

나는
재귀성이라는 언어를
구조화 이론(p.275)에
적용했다

기든스

사회 구조가 변화

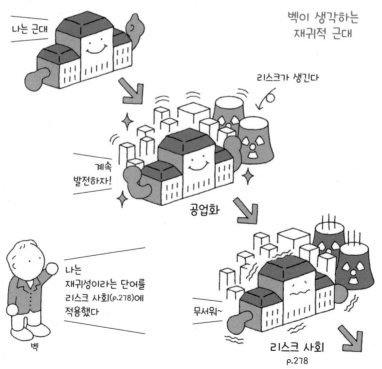

벡이 생각하는
재귀적 근대

나는 근대

리스크가 생긴다

계속
발전하자!

공업화

나는
재귀성이라는 단어를
리스크 사회(p.278)에
적용했다

벡

무서워~

리스크 사회
p.278

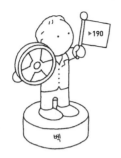

리스크 사회

의 미 전 인류가 예측할 수 없는 리스크에 노출되는 사회
문 헌 《위험사회》
메 모 앞으로의 리스크는 근대과학의 실패가 아니라 성공한
결과 생겨난 것이라고 벡은 말한다(p.277)

문화와
소비사회

원자력발전소 사고로 상징되듯이 고도의 과학기술이 초래하는 리스크는 위험 정도를 실제로 지각하는 것이 어렵고 언제 누구에게 닥칠지 예측할 수 없다. 현대형 리스크는 높은 계급과 특정 지역 사람들이라고 해서 안전하다고 할 수 없다. 근대화에 수반하여 모든 사람이 보이지 않는 리스크에 노출되어 있다고 벡은 주장한다.

이러한 **리스크 사회**에 대응하기 위해 중앙 정부에 모든 것을 맡기는 게 아니라 사람들이 과학과 기술 등에 대한 의식을 높이고 각각의 현장에서 문제 해결의 길을 탐색하는 움직임이 대두하기 시작했다. 벡은 이것을 **서브 정치**라고 부른다.

중앙 정부와 특정 전문가에게 미래를 통째 맡기는 시대는 끝났다. 어떠한 세계가 '선한 세계'인지를 앞으로는 자신이 생각해야 한다. 우리들 한 명 한 명의 가치관이 향후 세계의 모습에 크게 관여한다고 벡은 말한다.

이 책은 〈사회학〉에 관한 책이므로, 책에는 '사회'라는 말이 자주 나옵니다. 이 말의 대부분은 규칙(규범)을 의미합니다. 따라서 이 책에 있는 사회라는 말의 대부분은 규칙으로 바꿀 수 있습니다. 여기에서 규칙이라 함은 법은 물론 암묵적 양해와 상식, 전통, 습관, 매너 등을 의미합니다. 이러한 규칙이 사람들에 의해서 자연스럽게 지켜지고 있기 때문에 안정된 세상이 유지되는 겁니다. 공동생활을 위해 우리는 규칙을 지키지 않으면 안 됩니다.

동시에 잊어서는 안 되는 것이, 규칙을 만든 것은 우리 인간이며 그래서 평소 무심코 준수하고 규칙이 '잘못됐을' 가능성이 있다는 것입니다. 봉건시대나 이후의 전시(戰時)에는 반성해야 할 규칙이 있었습니다. 영국의 사회학자 기든스는 우리가 무의식적으로 따르는 규칙이 언제 어디서 누구(어떤 집단)에 의해 어떻게 태어나 어떻게 정착했는지, 또한 그 규칙은 누가 이득을 보고 누가 억압되는지를 규명하는 것이 사회학의 사명이라고 말합니다.

한때 미국의 사회학자 파슨스는 지속가능한 사회는 확고한 구조를 가지며, 그 구조는 시대에 따라 변화하는 것은 아니라고 주장했습니다. 그러나 기든스는 그렇게 생각하지 않았습니다. 사회(규칙)는 과거의 자신들의 행동을 반성하면서 스스로 새롭게 바꾸어가는 것입니다.

기든스와 함께 '재귀적 근대화'라는 책을 발간한 독일의 사회학자 벡은 앞으로 어떤 사회(규칙)를 만들고 싶은지를 중앙 정부와 특정 전문가에게 맡길 것이 아니라 한 사람 한 사람 각자가 생각해야 하는 시대라고 말합니다. 즉, 어떤 사회가 '선한 사회'인지를 스스로 이미지를 생각해야 합니다. 이미지가 없으면 그것을 실현할 방법이 없기 때문입니다.

이 책의 공동 저자이기도 한 가츠키 타카시 씨의 감수 덕분에 이 책이 완성된 것에 대해 이 자리를 빌려 깊은 감사를 드립니다. 또한 출판 기회를 준 프레지던트사의 나카지마 메구미 씨에게도 진심으로 감사드립니다. 그리고 책을 내는 계기가 된 전작 〈철학 용어 도감〉, 〈속 철학 용어 도감〉의 감수자인 사이토 테츠야 씨께도 다시 한 번 감사를 드립니다.

이 책을 읽은 분들이 하나라도 새로운 깨달음을 얻을 수 있기를 바랍니다.

참고 문헌

※원전은 본문의 각 타이틀 용어 아래에 《문헌》을 기재

지그문트 바우만 + 팀 메이 〈사회학의 개념 제2판 社会学の考え方 第2版〉 오쿠이 토모유키 역, 치쿠마서방

피터 L 버거 〈사회학에의 초대 社会学への招待〉 미즈노 세츠오·무라야마 켄이치 역, 치쿠마서방

C 라이트 밀스 〈사회학적 상상력 社会学的想像力〉 아너 마사토·나카무라 요시타카 역, 치쿠마 서방

크리스티안 볼프 〈니클라스 루만 입문 사회 시스템 이론이란 무엇인가 ニクラス・ルーマン入門 社会システム理論とは何か〉 쇼우지 마코토 역, 신센샤

앤서니 기든스 〈사회학 제5판 社会学 第五版〉 마츠오 키요부미·니시오카 하치로·후지이 타쓰야·오바타 마사토시·다테마스 류스·우치다 켄 역, 지리쯔쇼보

시오바라 쓰토무·맛쓰바라 하루오·오오하시 유키 편 〈사회학의 기초지식 社会学の基礎知識〉 유히카쿠

도모에다 토시오·다케자와 쇼이치로·마쓰무리 토시유키·사카모토 카지에 〈사회학의 에센스 신판보정판 세상의 원리를 간파한다 社会学のエッセンス 新版補訂版 世の中のしくみを見ぬく〉 유히카쿠

아타라시 무쓴도·오오무라 에이쇼·호우게쓰 마코토·나카노 마사타카·나카노 히데이치로 〈사회학의 발자취 社会学のあゆみ〉 유히카쿠

아타라시 무쓴도·나카노 히데이치로 편 〈사회학의 발자취 파트 II 새로운 사회학의 전개 社会学のあゆみ パート II 新しい社会学の展開〉 유히카쿠

이마다 타카토시·도모에다 토시오 편 〈사회학의 기초 社会学の基礎〉 유히카쿠

아타라시 무쓴도 편 〈새로운 사회학의 발걸음 新しい社会学のあゆみ〉 유히카쿠

하세가오 코이치·하마 히데오·후지무라 마사유키·마치무라 타카시 〈사회학 社会学〉 유히카쿠

오쿠무라 타카시 〈사회학의 역사 사회라는 수수께끼의 계보 社会学の歴史 社会という謎の系譜〉 유히카쿠

나스 히사시 〈크로니클 사회학 사람과 이론의 매력을 말하다 クロニクル社会学 人と理論の魅力を語る〉 유히카쿠

세이야마 카즈오·土場학·노미야 다이지로·오다 테루야 편저 〈'사회'에 대한 지식/현대사회학의 이론 및 방법(상) 이론 지식의 현재 〈社会〉への知 / 現代社会学の理論と方法(上) 理論知の現在〉 케이소서방

세이야마 카즈오·土場학·노미야 다이지로·오다 테루야 편저 〈'사회'에 대한 지식/현대사회학의 이론 및 방법(하) 이론 지식의 현재 〈社会〉への知 / 現代社会学の理論と方法(下) 理論知の現在〉 케이소서

우에노 치즈코 편 〈구축주의란 무엇인가 構築主義とは何か〉 케이소서방

우치다 류조 〈사회학을 배운다 社会学を学ぶ〉 치쿠마서방

타케우치 히로시 〈사회학의 명저 30 社会学の名著 30〉 치쿠마서방

사쿠타 케이이치·이노우에 슌 〈명제 컬렉션 사회학 命題コレクション社会学〉 치쿠마서방

우에노 토시야·모리 토시타카 〈컬처 스터디스 입문 カルチュラル・スタディーズ入門〉 치쿠마서방

오쿠이 토모유키 〈사회학 社会学〉 도쿄대학출판회

오쿠이 토오유키 〈사회학의 역사 社会学の歴史〉 도쿄대학출판회

후나쓰 마모루·야마다 마모루·아사카와 타스오 편저 〈21세기 사회란 무엇인가 '현대사회학' 입문 21世紀社会とは何か 「現代社会学」入門〉 고세이샤

사토 쓰토무 편 〈커뮤니케이션과 사회 시스템 파슨스·하버마스·루만 コミュニケーションと社会システム パーソンズ・ハーバーマス・ルーマン〉 고세이샤

야마노우치 야스시·무라카미 쥰이치·니노미야 히로유키·사사키 타케시·시오자와 요시노리·스기야마 미쓰노부·강상중·스도 오사무 편 〈이와나미 강좌 사회 과학의 방법 × 사회시스템과 자기조직성 岩波講座 社会科学の方法 × 社会システムと自己組織性〉 이와나미서점

신메이 마사미치·스즈키 유키토시 감수 〈현대사회학의 에센스 사회학 이론의 역사 및 배포[개정판] 現代社会学のエッセンス 社会学理論の歴史と展開 [改訂版]〉 펠리칸사

도미나가 켄이치 〈사상으로서의 사회학 산업주의에서 사회시스템 이론까지 想としての社会学 産業主義から社会システム理論まで〉 신요사

다마노 카즈시 편 〈브리지 북 사회학[제2판] ブリッジブック社会学 [第2版]〉 신산사

요시미 슌야·미즈코시 신 〈미디어론 メディア論〉 방송대학교육진흥회

혼다 유키 〈다원화 '능력'과 일본 사회 多元化する「能力」と日本社会〉 NTT출판

미야다이 신지·구마사카 켄지·구몬 슌페이·이바 타카시 편저 〈사회 시스템 이론 : 불투명한 사회를 파악하는 지식의 기법 社会システム理論: 不透明な社会を捉える 知の技法〉 게이오의숙대학출판회

오쿠무라 타카시 편 〈사회학은 무엇을 할 수 있는가 社会学になにができるか〉 야치요출판

모리야마 카즈오 〈총서·현대사회학 ③ 사회학이란 무엇인가 의미 세계로의 탐구 叢書·現代社会学③ 社会学とは何か 意味世界への探究〉 미네르바서방

고토 요스케 〈총서·현대사회학 ④ 글로벌리제이션 임팩트 동시대 인식을 위한 사회학 이론 叢書·現代社会学④ グローバリゼーション·インパクト 同時代認識のための 社会学理論〉 미네르바서방

사토 토시키 〈총서·현대사회학 ⑤ 사회학의 방법 역사와 구조 叢書·現代社会学⑤ 社会学の方法 その歴史と構造〉 미네르바서방

三隅一人 〈총서·현대사회학 ⑥ 사회관계자본 이론 통합의 도전 叢書·現代社会学⑥ 社会関係資本 理論統合の挑戦〉 미네르바서방

이노우에 슌·이토 기미오 편 〈사회학 베이식 1 자기·타인·관계 社会学ベーシックス1 自己·他者·関係〉 세계사상사

이노우에 슌·이토 기미오 편 〈사회학 베이식 2 사회의 구조와 변동 社会学ベーシックス2 社会の構造と変動〉 세계사상사

이노우에 슌·이토 기미오 편 〈사회학 베이식 3 문화의 사회학 社会学ベーシックス3 文化の社会学〉 세계사상사

이노우에 슌·이토 기미오 편 〈사회학 베이식 4 도시적 세계 社会学ベーシックス4 都市的世界〉 세계사상사

이노우에 슌·이토 기미오 편 〈사회학 베이식 5 근대 가족과 젠더 社会学ベーシックス5 近代家族とジェンダー〉 세계사상사

이노우에 슌·이토 기미오 편 〈사회학 베이식 6 미디어 정보·소비 사회 社会学ベーシックス6 メディア·情報·消費社会〉 세계사상사

이노우에 슌·이토 기미오 편 〈사회학 베이식 7 대중문화 社会学ベーシックス7 ポピュラー文化〉 세계사상사

이노우에 슌·이토 기미오 편 〈사회학 베이식 8 신체·섹슈얼리티·스포츠 社会学ベーシックス8 身体·セクシュアリティ·スポーツ〉 세계사상사

이노우에 슌·이토 기미오 편 〈사회학 베이식 9 정치·권력·공공성 社会学ベーシックス9 政治·権力·公共性〉 세계사상사

이노우에 슌·이토 기미오 편 〈사회학 베이식 별권 사회학적 사고 社会学ベーシックス別巻 社会学的思考〉 세계사상사

이노우에 슌·우에노 치즈코·오사와 마사치·무네스케·요시미 슌야 편 〈이와나미 강좌 현대 사회학 I 현대사회의 사회학 岩波講座 現代社会学I 現代社会の社会学〉 이와나미서점

이노우에 슌·우에노 치즈코·오사와 마사치·무네스케·요시미 슌야 편 〈이와나미 강좌 현대 사회학 II 성별 사회학 岩波講座 現代社会学II ジェンダーの社会学〉 이와나미서점

이노우에 슌·우에노 치즈코·오사와 마사치·무네스케·요시미 슌야 편 〈이와나미 강좌 현대 사회학 21 디자인 모드 패션 岩波講座 現代社会学21 デザイン·モード·ファッション〉 이와나미서점

이노우에 슌·우에노 치즈코·오사와 마사치·무네스케·요시미 슌야 편 〈이와나미 강좌 현대 사회학 24 민족·국가·민족성 岩波講座 現代社会学24 民族·国家·エスニシティ〉 이와나미서점

현대위상연구소 편 〈불가사의 할 정도로 보인다! 제대로 이해하는 사회학 フシギなくらい見えてくる! 本当にわかる社会学〉 일본실업출판사

오카모토 유이치로 저 〈정말 알기 쉬운 현대 사상 本当にわかる現代思想〉 일본실업출판사

모리시타 신야 〈사회학을 이해하는 사전 社会学がわかる事典〉 일본실업출판사

구리타 노부요시 〈도해 잡학 사회학 図解雑学 社会学〉 나쓰메사

아사노 토모히코 〈도해 사회학을 재미있을 만큼 아는 책 図解 社会学のことが面白いほどわかる本〉 추케이출판

하마시마 아키라·다케우치 이쿠오·이시카와 아키히로 편 〈사회학 소사전 社会学小辞典〉 유히카쿠

히로마쓰 와타루 편 〈이와나미 철학·사상 사전 岩波哲学·思想事典〉 이와나미서점

미야지마 타카시 편 〈이와나미 소사전 사회학 岩波小辞典 社会学〉 이와나미서점

이마무라 히토시·미시마 켄이치·가와사키 오사무 편 〈이와나미 사회사상사전 岩波 社会思想事典〉 이와나미서점

오사와 마사치·요시미 토시야·와시다 키요가츠 편집위원·미타 무네스케 편집고문 〈현대사회학 사전 現代社会学事典〉 코분도

TAC 공무원 강좌 편 〈공무원 V 텍스트 〈14〉사회학 公務員Vテキスト〈14〉社会学〉 TAC 출판

하마이 오사무 감수·코테라사토시 편 〈윤리용어집 倫理用語集〉 야마카와출판사

고등학교공민과 윤리교과서 도쿄서적/시미즈서원/야마카와출판사/스켄출판

인물과 용어로 살펴보는 사회학

사회학용어 도감

2020. 2. 19. 초 판 1쇄 인쇄
2020. 2. 26. 초 판 1쇄 발행

지은이 | 다나카 마사토, 가츠키 타카시
옮긴이 | 황명희
펴낸이 | 이종춘
펴낸곳 | **BM** (주)도서출판 **성안당**

주소 | 04032 서울시 마포구 양화로 127 첨단빌딩 3층(출판기획 R&D 센터)
　　　10881 경기도 파주시 문발로 112 출판문화정보산업단지(제작 및 물류)

전화 | 02) 3142-0036
　　　031) 950-6300
팩스 | 031) 955-0510
등록 | 1973. 2. 1. 제406-2005-000046호
출판사 홈페이지 | www.cyber.co.kr
ISBN | 978-89-315-8898-9 (03330)
정가 | 18,000원

이 책을 만든 사람들
책임 | 최옥현
진행 | 김혜숙
본문 디자인 | 임진영
표지 디자인 | 박원석
홍보 | 김계향
국제부 | 이선민, 조혜란, 김혜숙
마케팅 | 구본철, 차정욱, 나진호, 이동후, 강호묵
제작 | 김유석

■ 도서 A/S 안내

성안당에서 발행하는 모든 도서는 저자와 출판사, 그리고 독자가 함께 만들어 나갑니다.
좋은 책을 펴내기 위해 많은 노력을 기울이고 있습니다. 혹시라도 내용상의 오류나 오탈자 등이 발견되면 "좋은 책은 나라의 보배"로서 우리 모두가 함께 만들어 간다는 마음으로 연락주시기 바랍니다. 수정 보완하여 더 나은 책이 되도록 최선을 다하겠습니다.
성안당은 늘 독자 여러분들의 소중한 의견을 기다리고 있습니다. 좋은 의견을 보내주시는 분께는 성안당 쇼핑몰의 포인트(3,000포인트)를 적립해 드립니다.
잘못 만들어진 책이나 부록 등이 파손된 경우에는 교환해 드립니다.